EXPANSÃO E TRAJETÓRIAS DA PECUÁRIA NA AMAZÔNIA:

PARÁ, BRASIL

EXPANSÃO E TRAJETÓRIAS DA PECUÁRIA NA AMAZÔNIA:

PARÁ, BRASIL

Jonas Bastos da Veiga
Jean François Tourrand
Marie Gabrielle Piketty
René Poccard-Chapuis
Ailce Margarida Alves
Marcelo Cordeiro Thales

Maio, 2004

EDITORA
UnB

Equipe editorial
Danúzia Queiroz Cruz e Valdinea Pereira da Silva · *Preparação de originais e revisão*
Raimunda Dias · *Projeto gráfico*
Flávia Rubenia Barros · *Criação da capa*
Heonir S. Valentim· *Finalização de capa e editoração eletrônica*
Roberto Porro · *Foto da capa*

Impresso no Brasil

Direitos exclusivos para esta edição:
Editora Universidade de Brasília
SCS Q.2 – Bloco C – nº 78
Ed. OK – 2º andar
70300-500 – Brasília-DF
tel: (0xx61) 226 6874
fax: (0xx61) 225 5611
editora@unb.br

Ficha catalográfica elaborada pela Biblioteca Central da Universidade de Brasília

E99 Expansão e trajetórias da pecuária na Amazônia : Pará, Brasil / Jonas Bastos da Veiga... [et. al.]. – Brasília : Editora Universidade de Brasília, 2004.
162p.

ISBN 85-230-0798-9

1. Pecuária-Amazônia. I. Veiga, Jonas Bastos da.

CDU 636(811)

INSTITUIÇÕES PARTICIPANTES

Inter American Institute for Global Change (IAI)
c/o Inpe, Av. dos Astronautas, 1.758, São José dos Campos (SP), 12227-010, Brasil

University of Florida – Center for Latin American Studies (UFl-Latam)
319, Grinter Hall, PO Box 115530, Gainesville (FL), 32611-5530, USA

Embrapa Amazônia Oriental
Tv. Eneas Pinheiro s/n, Caixa Postal 48, Bairro do Marco, Belém (PA), 66095-100, Brasil

Universidad Nacional Agrária de la Selva (Unas)
Av. Universitária s/n, Apartado Postal 156, Tingo Maria, Huanuco, Peru

Instituto Nacional Autónomo de Investigaciónes Agropecuárias (Iniap)
Km. 17, Via Panamericana Sur, Quito, Ecuador

Grupo de Pesquisa em Sistemas Agroflorestais (Pesacre)
Rua Iracema, Qd. 11, Casa 8, Vila Ivonete, Rio Branco (AC), 69914-890, Brasil

Universidade Federal do Pará – Centro Agropecuário (UFPA-CA)
Campus Universitário do Guamá, Av. Augusto Corrêa s/n, Belém (PA), 66075-900, Brasil

Centre de Coop. Intern. en Recherche Agronomique pour le Développement (Cirad)
Cirad, Avenue Agropolis, Montpellier, 34398 Cedex 5, France

Museu Paraense Emílio Goeldi (MPEG)
Av. Perimetral, 1901, Caixa Postal 399, Terra Firme, Belém (PA), 66077-530, Brasil

Universidade Federal do Maranhão (UFMA)
Cidade Universitária Paulo VI, Tirirical, Caixa Postal 09, São Luís (MA), 65045-000, Brasil

Universidade Estadual do Maranhão (UEMA)
Campus Universitário do Bacanga, Av. dos Portugueses s/n, São Luís (MA), 65085-580, Brasil

McGill University – Department of Geography
805 Sherbrooke St.West, Montreal, Québec, H30-2K6, Canadá

National Science Foundation (NSF), 4201, Wilson Boulevard, Arlington (VA), 22239, USA

Sumário

Introdução

O presente documento faz parte do estudo *Pecuária, uso da terra e desmatamento na Amazônia: análise comparativa entre Brasil, Peru e Equador*. O estudo é uma iniciativa de pesquisa conjunta do Centro de Estudos Latino-americanos da Universidade da Flórida e de seis instituições na América do Sul: Universidad Nacional Agrária de La Selva (Tingo-Maria, Peru); Instituto Nacional de Pesquisas Agropecuárias (Quito, Equador); Centro Nacional de Pesquisas da Amazônia Oriental/Embrapa, Universidade Federal do Pará (Belém, Brasil) e Embrapa/Acre e do Grupo de Pesquisa e Extensão em Sistemas Agroflorestais do Acre (Pesacre) (Rio Branco, Brasil). O objetivo do estudo consiste em identificar e em analisar fatores que contribuem para a expansão diferenciada da atividade pecuária nas regiões amazônicas destes três países, assim como analisar as diferentes dinâmicas compreendidas nestes processos no que se refere às práticas de manejo que resultam na substituição de florestas primárias e secundárias por pastagens.

Iniciada em meados do ano 2000, contando com suporte financeiro do Inter American Institute for Global Change Research (IAI), a investigação inclui pesquisas de campo nas seguintes regiões amazônicas: Peru: Alto Huallaga (Selva Alta) e Aguaytía-San Alejandro (Selva Baja); Equador: Valle de Quijos (Selva Alta) e Puyo-Santa Clara-Palora (Piedemonte) e Brasil: sudeste do Acre (Amazônia Ocidental), Transamazônica, sul do Pará, Zona Bragantina (Amazônia Oriental) e Pré-Amazônia maranhense. Por meio de enfoque comparativo e de abordagem qualitativa, a pesquisa analisa a expansão da criação de gado e a progressiva formação de pastagens conforme as perspectivas dos agentes envolvidos nas cadeias produtivas da carne, do leite e dos demais produtos da pecuária em cada uma dessas regiões.

Esse documento tem como objetivo analisar as situações observadas por ocasião do trabalho de campo realizado no Estado do Pará, no período de junho a outubro de 2000.

Contextualização da problemática e resumo da metodologia

Diversidade, uma importante característica da Amazônia

A Amazônia ocupa aproximadamente 7,5 milhões de km^2 no centro da América Latina. Dois terços dessa área pertencem ao Brasil, um quarto ao Peru e à Bolívia (metade para cada), e o restante é distribuído entre outros seis países: Colômbia, Equador, Guiana, Guiana Francesa, Suriname e Venezuela (Figura 1).

Figura 1
Mapa da bacia Amazônica

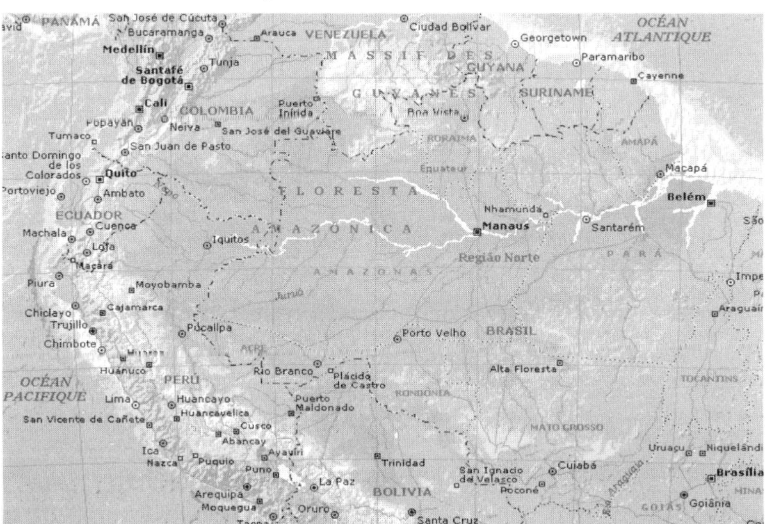

Fonte: Encarta (Microsoft Corp.).

A Amazônia acumula alguns superlativos em escala mundial: maior bacia hidrográfica com 20% da água doce e oito dos dez maiores rios do planeta, quase a metade da floresta tropical, maior reserva de biodiversidade, maior quantidade de matéria viva por unidade de superfície, etc.

Como uma das suas principais características, a Amazônia apresenta grande diversidade de ecossistemas, desde a planície de aluvião da faixa atlântica a leste até o Piemonte Andino ao oeste. A diversidade climática apresenta uma pluviometria variando de 1,5m no corredor da seca, ao redor de Santarém, Pará, a mais de 6m no Piemonte Andino. A estação seca, que quase não ocorre em vários locais da Amazônia ocidental, demora de dois meses na Zona Bragantina a seis meses no sul do Pará, regiões da Amazônia Oriental. A corrente marítima tropical mantém alta temperatura na faixa atlântica e, no sudoeste da bacia, a influência da corrente polar, que chega ao longo das Andes, é sentida no meio do ano.

A diversidade geológica apresenta material pré-cambriano e paleozóico plissado nos Andes, sedimentos marinhos profundos e planícies de aluviões no centro da bacia e chapadas graníticas das Guianas, no norte, e do Brasil Central, no sul. A diversidade hidrológica é evidenciada por rios brancos transportando aluviões e por outros de águas claras e ácidas, que chegam dos maciços graníticos. A diversidade observa-se também na cobertura vegetal com a justaposição de áreas de floresta, de cerrado e de savanas, especialmente nas faixas meridional e colombiana da bacia. A savana ou campo do estuário do rio Amazonas também contrasta com os imensos blocos de floresta alta e densa da planície central ou da floresta de altitude entre 600 e 3000m da Amazônia andina.

A população indígena é majoritária na Amazônia da maioria dos países andinos. Antigamente, muito presente no Brasil, ela regrediu e concentrou-se em áreas reservadas que cobrem um pouco mais de 10% da superfície do país. A população cabocla resulta de mestiçagem entre índios e colonos nos cinco últimos séculos. Concentra-se nas beiras dos rios que foram, até pouco tempo, a única via de comunicação. Essa população é considerada como tradicional, em oposição aos migrantes chegados com a colonização oficial da segunda parte do século XX. O sistema caboclo de uso da terra é baseado no extrativismo e na agricultura migratória, incluindo um demorado tempo de pousio. Droulers (1995) fala da Amazônia dos rios para caracterizar essa época.

A Amazônia das estradas é completamente diferente da Amazônia dos rios. Na segunda parte do século XX, milhares de colonos chegaram à Amazônia oriundos de áreas localizadas ao redor da bacia: Sierra Andina, Nordeste brasileiro, Sul do Brasil, etc. Em alguns lugares, a colonização foi planejada pelo Governo Federal, em outros mais, foi espontânea. Além dos colonos, empresas foram implantadas para explorar os fantásticos recursos do solo e do subsolo e, também, para aproveitar os incentivos públicos oferecidos pelo Governo. De fato, todos os governos dos países da bacia amazônica (Brasil, Bolívia, Peru, Equador, Colômbia, Venezuela e as Guianas) tinham a intenção de ocupar os seus espaços para garantir suas fronteiras, explorar os recursos naturais disponíveis e criar alternativas à questão fundiária por meio da oferta de terra aos agricultores expulsos das outras regiões pela mecanização, como no Sul do Brasil ou pela pressão demográfica, como na Sierra Andina e no Nordeste brasileiro. Em qualquer região, após a extração da madeira comercializável, os colonos adotavam maciçamente o sistema de corte-e-queima para a exploração agropecuária. Esse sistema é baseado na fertilização do solo pelas cinzas, resultado do corte e da queimada do material vegetal do ecossistema de floresta. Assim, o processo de desmatamento começou a partir dos caminhos e das estradas permitindo a entrada dos colonos na floresta. Algumas décadas depois, ao lado dos sistemas dos caboclos da Amazônia dos rios, que integram as atividades agropecuárias aos ecossistemas florestais, surgiram os sistemas dos colonos da Amazônia das estradas, baseados na substituição dos ecossistemas florestais por sistemas agropecuários. O resultado é uma área desmatada média por país de 12% a 15% do espaço amazônico para explorações agropecuárias.

Paralelamente às migrações e à alocação de migrantes, surgiram cidades substituindo os pequenos povoamentos ribeirinhos da Amazônia dos rios e cadeias de produção foram se constituindo, abrangendo diversos atores, do produtor até o consumidor final. A cidade, concentrando funções sociais, comerciais, políticas, etc., começou a se tornar o núcleo central da colonização. Becker (1995) fala da urbanização da Amazônia como o elemento-chave da colonização, no caso do Brasil. Assim, no início do século XXI, fala-se da Amazônia das regiões (Poccard-Chapuis et al., 1999) organizada a partir de redes de cidades.

Entretanto, poder-se-ia pensar que a grande diversidade encontrada na Amazônia, em vários aspectos, se traduziria numa grande diversidade de uso da terra. A grande diversidade climática, cultural, social, econômica, política e outras deveria favorecer o uso de sistemas agropecuários bastante diferenciados. Portanto, nota-se a predominância de pastagem ocupando mais de 80% da área desmatada. Ou seja, no início do século XXI, 10% da Amazônia está coberta por pastagem.

Início da pecuária na Amazônia brasileira

A criação de gado na Amazônia brasileira começou no século XVII, nos primórdios da colonização portuguesa quando navegantes trouxeram os primeiros animais para atender a demanda de leite e de tração animal para os colonos europeus instalados (Desffontaines, 1956). Desde então, no Estado do Pará, a criação de gado expandiu-se na região do Baixo-Amazonas, de Santarém ao arquipélago de Marajó, em sistemas extensivos de produção, utilizando pastagens naturais de várzea (Teixeira, 1953). No início do século

XX, o rebanho da Amazônia brasileira era de 750 mil bovinos e 250 mil bubalinos. Nota-se que a pecuária estabeleceu-se da mesma maneira na Amazônia dos países andinos para atender as demandas dos povoamentos de colonos implantados na Selva Alta e no Piemonte (Grijalva et al., 2002; Muñoz et al., 2002).

Apenas no final dos anos 1960 a pecuária foi considerada a atividade privilegiada do Governo brasileiro para colonizar a Amazônia, última parte do país a ser explorada: a colonização pela pata do boi, segundo Santiago (1972). As agências públicas de Superintendência de Desenvolvimento da Amazônia (Sudam) e do Banco da Amazônia (Basa) foram então estruturadas pelo Governo brasileiro para incentivar as atividades agropecuárias nessa região, por incentivo fiscal, por subsídio e por financiamento de projetos agropecuários.

Porém, essa decisão política de ocupar a Amazônia brasileira teve objetivos mais amplos e o estímulo à pecuária era apenas a ferramenta principal de um deles, como mencionado. Os objetivos eram: a) garantir a integridade do território nacional, b) explorar os seus recursos naturais e c) fornecer terra aos colonos que foram excluídos do crescimento econômico de outras regiões, devido à concentração da terra ou a mecanização agrícola. Assim, a partir daquela época, investimentos públicos permitiram a construção de estradas e de outros projetos de colonização da região. Três rodovias principais foram construídas para ligar a Amazônia aos estados do sul do país: Belém – Brasília (BR 010); Cuiabá – Santarém (BR 163) e Cuiabá – Rio Branco (BR 364). Uma outra rodovia foi construída no eixo leste-oeste, a rodovia Transamazônica (BR 230).

Paralelamente às grandes empresas e fazendas que priorizaram a pecuária de corte, migrantes desenvolveram sistemas de produção diversificados, num processo bastante dinâmico de construção de novas fronteiras agrícolas. O desenvolvimento da pecuária por este estrato de produtores é mais recente, tendo começado no fim dos anos 1980. Em meados da década de 1990, vários diagnósticos agrários foram realizados em diversas regiões da Amazônia Oriental brasileira, mostrando a importância da pecuária na dinâmica regional, tanto no avanço das fronteiras agrícolas como na construção regional das áreas recém-desbravadas da Amazônia (Veiga et al., 2001a; Poccard-Chapuis et al., 2001a).

Expansão da pecuária na Amazônia brasileira no contexto nacional e no internacional

Em 2000, com aproximadamente 170 milhões de cabeças, o Brasil tem o segundo maior rebanho bovino do mundo, depois da Índia e antes da China. Com uma produção de quase sete milhões de toneladas, o Brasil ultrapassou recentemente a Europa, tornando-se o segundo produtor de carne bovina do mundo, depois dos Estados Unidos (Tabela 1).

O rebanho e a produção de carne bovina do Brasil caracterizam-se pelo forte crescimento nos últimos vinte anos. Esse aumento da produção é diretamente relacionado ao melhoramento dos índices de produtividade e ao início da contribuição da Amazônia ao setor. A Tabela 2 apresenta a evolução do rebanho brasileiro por região nas décadas 1980 e 1990. A contribuição da Amazônia Legal para o rebanho brasileiro passou de 10% a 30% entre 1980 e 2000. Nas outras regiões e estados do país, o tamanho do rebanho bovino ficou estabilizado, exceto o do Mato Grosso e do Maranhão. De fato, os rebanhos desses dois estados, que fazem parte da Amazônia Legal, apresentam altas taxas de crescimento, respectivamente 9,75% e 4,1%. Assim, a Amazônia está se tornando a nova frente da pecuária brasileira.

Comparando-se os dados oficiais com os levantamentos de campo, reconhece-se que esses dados estão subestimados (Veiga et al., 2001b). De fato, considerável parte dos animais pode não estar sendo considerada, como: os rebanhos de pequenos produtores (10% a 20% do total); os

TABELA 1
A evolução da produção de carne bovina no contexto mundial

	Produção de carne bovina (x1000t)								Rebanho
	1995	1996	1997	1998	1999	2000	2001	2002	x1000 em 97
EUA	11.585	11.578	11.506	11.804	12.124	12.311	11.955	11.626	101.209
Brasil	6.080	6.150	6.050	6.140	6.270	6.450	6.750	6.985	161.110
Europa							6.896	6.932	65.000
China	4.154	4.946	5.400	4.799	5.054	5.350	5.600	5.880	140.010
Argentina	2.600	2.580	2.550	2.600	2.840	2.940	2.860	2.900	51.696
Rússia	2.734	2.580	2.300	2.090	1.900	1.800	1.700	1.675	36.400
México	1.850	1.800	1.800	1.800	1.860	1.900	1.925	1.930	26.900
Austrália	1.717	1.638	1.720	1.989	1.956	1.953	2.000	2.040	26.300
Índia	1.230	1.290	1.345	1.593	1.660	1.700	1.770	1.810	277.045

Fonte: USDA, DBO Rural e FAO.

TABELA 2
Evolução do efetivo do rebanho brasileiro por região nas décadas 1980 e 1990

Regiões	Efetivo (x1000)		Var.	Efetivo (x1000)		Var.	Efetivo (x1000)		Var.	Efetivo (x1000)		Var.
	1980	1992	%	1994	1995	%	1997	1998	%	1999	2000	%
Norte	3.687	15.487	9,5	17.936	19.181	6,9	19.298	21.099	9,33	22.431	24.518	9,3
Nordeste	2.876	26.912	1,4	22.820	23.171	1,5	23.830	21.981	-7,76	21.875	22.567	3,16
Sudeste	35.096	37.443	1,5	37.601	37.161	-1,1	36.977	37.073	0,26	36.899	36.852	-0,12
Sul	24.904	25.451	0,2	26.427	26.640	0,8	26.683	26.600	-0,31	26.190	26.298	0,41
Centro-Oeste	33.607	48.788	3,1	53.418	55.060	3,1	54.627	54.402	3,25	57.227	59.641	4,21
Brasil	118.971	154.440	1,5	158.241	161.213	1,9	161.416	163.154	1,08	164.621	169.876	3,19
Amazônia Legal	11.772	29.916	8,8	34.690	37.496	8,09	39.541	41.788	5,68	44.140	47.537	7,69
% Amazônia/Brasil	10	19		22	23		25	26		27	28	

Fonte: USDA, DBO Rural e IBGE.

bezerros (cerca de 20%); alguns lotes de grandes empresas, temporariamente mantidos fora das fazendas (5% a 10%). No caso do Pará, o rebanho seria oficialmente de 11 milhões de bovinos em 2001/2002 (Tabela 3). No programa de controle da aftosa, foram levantadas e vacinadas aproximadamente 12 milhões de cabeças. Sabendo-se que em torno de 70% a 80% do rebanho foram atendidos, o rebanho paraense deveria ser de aproximadamente 15 milhões de bovinos. Assim, o rebanho amazônico oficial de 50 milhões de cabeças deveria estar realmente em torno de 60 a 65 milhões de cabeças.

Analisando o avanço da pecuária na Amazônia nos últimos anos, notam-se as maiores taxas de crescimento, ao redor de 10% a 15%, no sul e sudeste do Pará, no Acre, no norte do Mato Grosso e em Rondônia, ao longo da década 1990. Sabendo-se que a frente pecuária já passou pelo Maranhão, Tocantins e sul do Mato Grosso há 20 ou 30 anos, o estado do Amazonas deverá ser o próximo grande estado brasileiro envolvido na produção pecuária.

O mapa da Figura 2, montada com dados do IBGE, confirma a importantíssima contribuição da Amazônia no crescimento do rebanho bovino brasileiro na década 1990. As maiores taxas de crescimento foram registradas nos municípios localizados ao longo do arco do desmatamento, saindo do oeste do Maranhão, atravessando o sudeste e sul do Pará, o norte do Mato Grosso, alcançando depois Rondônia e Acre. O mesmo arco de desmatamento continua no oeste, atravessando a Bolívia e seguindo ao longo do Piemonte Andino do Peru, Equador, Colômbia e Venezuela. Como mostra a Figura 2, há alguns anos, existe um processo de deslocamento do rebanho bovino brasileiro das regiões Sul e Sudeste para Centro-Oeste e Norte.

Paralelamente ao desenvolvimento da pecuária na Amazônia, nota-se a forte implantação de novos frigoríficos na região. Aproximadamente 65% do aumento da capacidade brasileira de abate da década 1990 foi registrado na Amazônia Legal. A Figura 3

TABELA 3
Evolução do efetivo do rebanho da Amazônia Legal nas décadas 1980 e 1990

Regiões	Efetivo (x1000)		Var.	Efetivo (x1000)		Var.	Efetivo (x1000)		Var.	Efetivo (x1000)		Var.
	1980	1992	%	1994	1995	%	1997	1998	%	1999	2000	%
Amazônia	**11.772**	**29.916**	**8,8**	**34.690**	**37.496**	**8,09**	**39.541**	**41.788**	**5,68**	**44.140**	**47.537**	**7,69**
Rondônia	250	2.774		3.469	3.928	13	4.331	5.104	17,86	5.442	5.664	4,09
Acre	298	409		464	471	1	863	907	5,14	930	1.033	11,1
Amazonas	350	640		746	805	8	771	809	4,99	826	843	2,08
Roraima	326	349		285	282	-1	378	425	12,49	481	480	-0,02
Pará	2.411	6.990		7.539	8.058	7	7.539	8.337	10,59	8.863	10.271	15,89
Amapá	52	62		86	93	8	66	75	12,97	77	83	7,93
Tocantins	–	4.624		5.347	5.544	4	5.351	5.442	1,7	5.813	6.142	5,65
Mato Grosso	5.249	10.138		12.635	14.153	11	16.338	16.752	2,53	17.743	18.925	9,75
Maranhão	2.836	3.931		4.101	4.162	1	3.905	3.937	0,81	3.966	4.094	3,20

Fonte: USDA, DBO Rural e IBGE.

mostra o mapa da implantação de novos frigoríficos no sul e sudeste do Pará e no norte do Mato Grosso.

O elevado crescimento anual médio do rebanho da Amazônia brasileira como um todo, cerca de 8% com picos de 10% a 12%, pode ser explicado pelo quase nulo abate ou venda de novilhas para abate, exceto as descartadas. Todas as novilhas permanecem no rebanho para ampliar o gado reprodutivo da propriedade ou são vendidas para reprodução em outras fazendas. A integração das novilhas no rebanho reprodutivo da propriedade corresponde a um crescimento anual médio de 5% de acordo com a estrutura média do rebanho e com os índices zootécnicos médios.

O restante do crescimento anual é devido ao gado importado de outras regiões do Brasil, parte machos para engorda e parte fêmeas para ampliar o rebanho reprodutivo. Assim, no inverno, quando diminui a produção forrageira nas áreas de cerrado, rebanhos de várias centenas de novilhos são introduzidos nas pastagens da Amazônia,

FIGURA 2
Crescimento do rebanho bovino entre 1990 e 2000

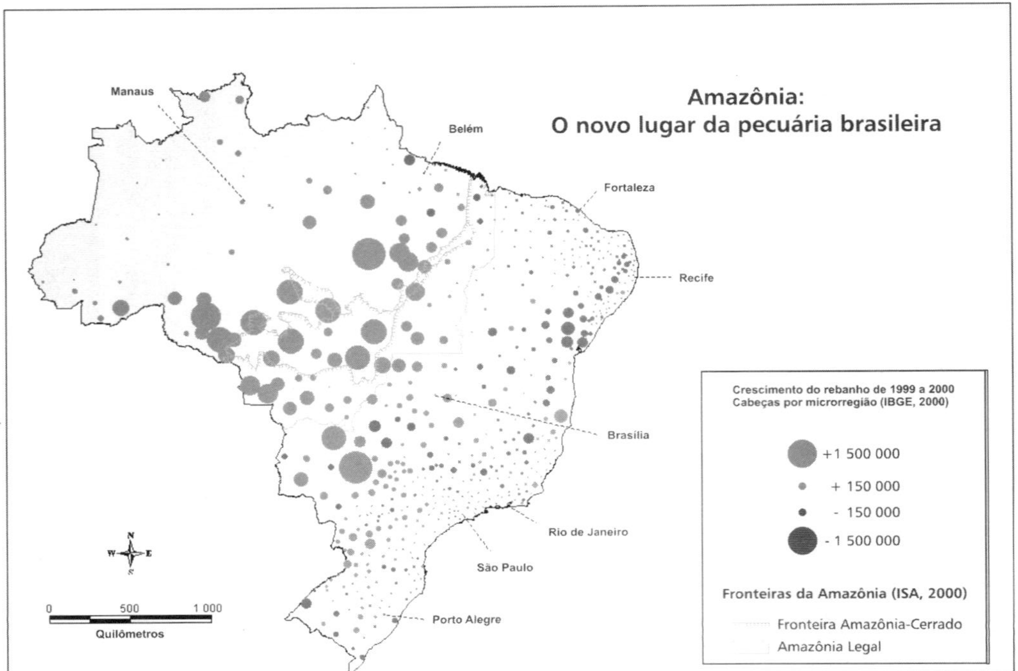

Fonte: Poccard-Chapuis, R.

FIGURA 3

Localização e implementação de frigoríficos na Amazônia Oriental na década de 1990

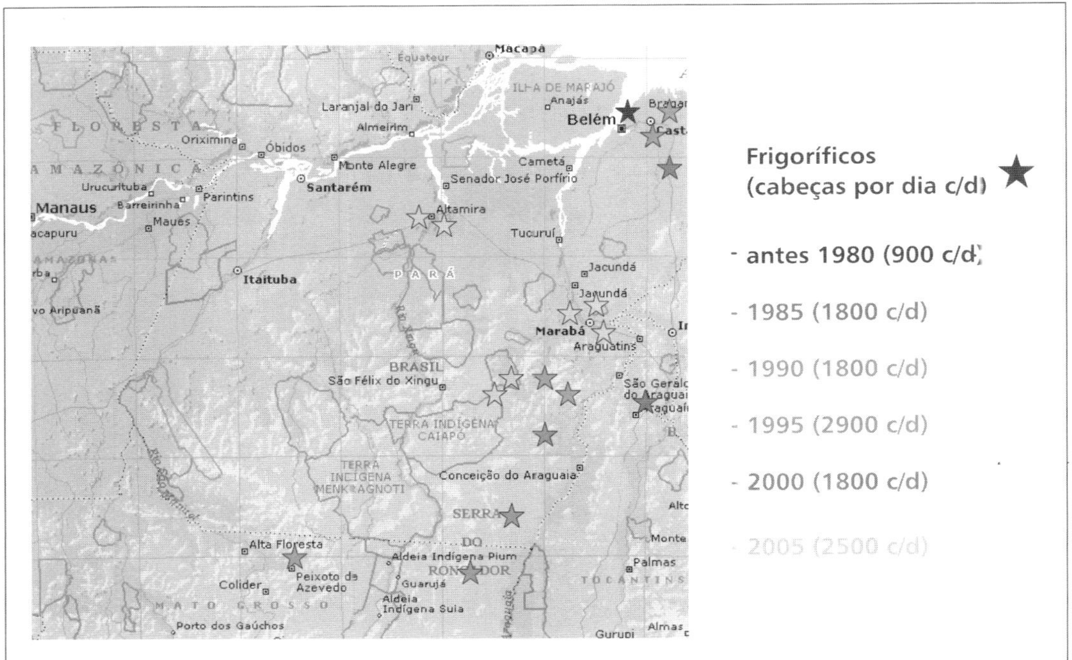

Fonte: Autores com uso de Encarta (Microsoft Corp.).

onde ficarão até o abate. A outra entrada de gado é proporcionada por programas públicos de incentivo à pecuária, especialmente o do Basa, destinado a pequenos produtores. Para abastecer essa demanda de gado de reprodução para os produtores beneficiados por financiamentos do tipo Fundo Constitucional Norte (FNO), comerciantes de gado importam milhares de vacas, novilhas e reprodutores de outras regiões.[1]

Pecuária, manejo das pastagens e do desmatamento

Da Tabela 4, depreende-se que o desmatamento da Amazônia brasileira está em torno de 60 milhões de hectares. Segundo o Instituto Nacional de Pesquisas Espaciais (Inpe), 1998, cerca de 80% dessa área são pastagens em produção ou pastagens "enjuquiradas", ou seja, pastagem invadida por juqueiras.

Os dados disponíveis mostram também que 83% do desmatamento, em 1999 e 2000, foi realizado nos Estados do Mato Grosso, Pará e Rondônia (Ministério do Meio Ambiente (MMA), 2001), ou seja, os estados brasileiros apresentam atualmente, as maiores taxas de

TABELA 4
Desmatamento na Amazônia brasileira

Anos	Área total desmatada (km²)	Taxa de crescimento (%)
Até 1998	551.782	–
Até 1999	569.269	14,00
Até 2000	589.101	14,90

Fonte: MMA (2001).

[1] Nota-se que a ausência de controle desse negócio bastante lucrativo proporcionou a introdução de algumas doenças do gado nas áreas de fronteira agrícola, como a brucelose.

crescimento do rebanho bovino e as frentes pioneiras mais ativas (Figura 2).

Embora se considere que grande parte do desmatamento seja ligada à expansão das grande propriedades, não existem ainda estimativas confiáveis da exata contribuição desses atores nesse processo (Pacheco, 2002). Segundo Fearnside (1993), as grandes propriedades seriam responsáveis por 70% do desmatamento. Entretanto, Walker et al. (1995), afirmam que 50% do desmatamento resultam das práticas de derruba e quiema dos pequenos produtores. Como mostram Walker et al. (2000), nesse aspecto, existe grande variação entre as várias regiões das frentes pioneiras, conforme o tipo de colonização e a política de desenvolvimento regional.

Mesmo não se podendo negar que a expansão da pecuária bovina é a principal finalidade do desmatamento, não se sabe quais são as reais causas da expansão dessa atividade na Amazônia e as do desmatamento. Vários estudos mostram que grande número de variáveis agroecológicas e sócioeconômicas influencia esses processos (Piketty, 2003).

No Estado do Pará, como em toda a Amazônia, a pecuária tem sido estigmatizada por seus opositores, devido às suas conseqüências negativas no âmbito econômico, social e ecológico (desmatamento, concentração de terra, perda de biodiversidade e pequena contribuição ao desenvolvimento regional). Em contraste, os defensores argumentam que essa atividade é viável na região, tem mostrado ser uma boa alternativa para os pequenos produtores e permite um retorno seguro aos investimentos. É evidente que a maioria desses argumentos são válidos sob condições específicas, de modo que generalizações deste tipo são sempre arriscadas. Fora dessas posições ideológicas, diversas pesquisas, nos anos 1990, têm mostrado em algumas regiões fatores responsáveis pela expansão da pecuária. Entretanto, o grande contraste entre as regiões e a falta de sistematização dos levantamentos realizados impedem uma análise global das combinações de fatores, sustentando o avanço da pecuária e estabelecendo a pecuária como principal uso da terra na Amazônia. Esse estudo busca completar esses primeiros trabalhos. Mais especificamente, busca-se explicar três tipos de decisões dos atores das frentes pioneiras: Por que o produtor, grande ou pequeno, opta por e desenvolve a pecuária? Por que o produtor adota determinado tipo de manejo da pastagem? Por que os produtores derrubam novas áreas de florestas e qual é a posição deles a respeito do desmatamento da propriedade e da região?

Decisão 1: Por que o produtor opta por e desenvolve a pecuária?

Alguns autores têm questionado a racionalidade da expansão da pecuária na Amazônia, Schneider et al. 2000, por exemplo. Diversos autores têm afirmado que a renda líquida da pecuária é mínima, em torno de R$ 10-20/hectare, em relação à renda da agricultura, especialmente as culturas perenes, como cacau, pimenta-do-reino, café, frutas e outras ou, ainda, o uso sustentável dos recursos florestais. Além disso, a pecuária é considerada como atividade viável só para as grandes propriedades, o que não explica por que quase todos os pequenos produtores adotaram essa atividade como mostra o processo de pecuarização da agricultura familiar, presente em toda Amazônia. Os incentivos fiscais e as políticas de crédito são sempre mencionados como favorecendo esse processo, mas existem vários pecuaristas nas frentes pioneiras que nunca tiveram acesso a essas facilidades. Além disso, várias linhas de crédito, como o FNO, foram estabelecidas inicialmente para favorecer a expansão de outros tipos de uso da terra, sem sucesso. A especulação fundiária é também sempre colocada como o motor do avanço da pecuária, mas, na realidade, é sempre difícil determinar se especulação fundiária é uma conseqüência ou uma causa do avanço da pecuária. O objetivo de ocupação da terra foi importante no início da colonização, uma vez que os colonos deveriam desmatar 30% da área para obter a titulação da terra e implantar pastagem era a prática mais barata e eficiente. Entretanto, essa exigência do poder público e dos bancos não existe mais desde o fim da década 1970, ou seja, antes do forte desenvolvimento do rebanho bovino amazônico. Essa breve exposição ilustra que dúvidas ainda persistem ao respeito dos determinantes da escolha de pecuária pelos vários atores das frentes pioneiras da Amazônia.

Decisão 2: Por que o produtor adota determinado tipo de manejo da pastagem?

Um argumento bastante usado por parte da comunidade científica foi a baixa fertilidade dos solos da Amazônia e a fragilidade das pastagens implantadas, haja vista a sua degradação em em poucos anos (Hecht, 1992). Essa hipótese é baseada em diversos estudos realizados, na década 1980, em pastagens formadas com espécies do gênero *Panicum*, particularmente exigente em fertilidade do solo, e com antigas variedades de *Brachiaria decumbens* e outras, sensíveis às pragas. Esse insucesso inicial contribuiu para a imagem negativa da pecuária, a ponto de Serrão (1986) afirmar que cerca da metade dos 25 milhões de hectares de pastagens, implantadas na região até 1983, estavam degradadas ou em fase de degradação. A introdução do braquiarão, variedade de *Brachiaria brizantha*, no início dos anos 1990, diminuiu de maneira significativa o processo de degradação da pastagem. Contudo, observa-se também o uso generalizado do braquiarão na Amazônia continental para recuperar as pastagens degradadas a partir dos meados da década de 1990. Embora a base genética das pastagens seja bastante estreita, baseada quase exclusivamente em uma única variedade (braquiarão), observa-se grande diversidade de manejo adotado pelos produtores, tanto no que diz respeito ao manejo de pastejo como nas práticas de formação e de manutenção das pastagens. Isso explica ser possível encontrar pastagens jovens em processo de degradação, assim como pastagens produtivas antigas, de mais de 1920 anos, sem nenhum problema. Várias pesquisas têm mostrado que a degradação das pastagens, muitas vezes, não depende unicamente da fertilidade dos solos, sendo importante, também, as práticas de manejo usadas pelos produtores (Hostiou, 1999; Bendahan, 1999; Bittencourt, 1999). Uma vez que a pastagem é a base da alimentação de rebanho, a viabilidade da pecuária na Amazônia, a longo prazo, é estreitamente ligada à questão do manejo das pastagens, o que leva à necessidade de se analisar essa segunda decisão.

Decisão 3: Por que os produtores derrubam novas áreas de florestas e qual é a posição deles a respeito do desmatamento da propriedade e da região?

As causas do desmatamento na Amazônia são numerosas e muitos modelos já foram elaborados em várias escalas para tentar identificar que políticas poderiam diminuir o ritmo desse processo.[2] Uma síntese dessas iniciativas tem mostrado que existe um consenso sobre o papel de algumas variáveis e desacordos a respeito de outras. Assim, por exemplo, a proximidade às estradas e aos mercados parece sempre relevante: agricultores próximos ao mercado ou das estradas têm geralmente menos floresta na propriedade (Walker et al., 2000; Mertens et al., 2002; Caldas et al., 2002). Recentemente, um estudo no município de São Félix do Xingu mostra que as estradas têm conseqüências diferenciadas conforme o nível de desenvolvimento da região e os tipos de produtores (Mertens et al., 2002). Entretanto, o capital inicial e a disponibilidade de mão-de-obra dos

[2] Uma síntese recente pode ser encontrada em Piketty (2003).

colonos têm influência positiva sobre o ritmo de desmatamento em algumas regiões (Walker et al., 2000; Caldas et al., 2002) e negativa em outras (Vosti et al., 2002). Nesse debate, também observa-se, às vezes, uma relação linear entre a pecuária e o desmatamento, ligada à questão da degradação das pastagens: o desmatamento está avançando, porque os produtores necessitam abrir novas áreas para substituir as pastagens degradadas. Uma outra relação é ligada à intensificação da pecuária: alguns autores acreditam que a intensificação da pecuária poderia diminuir o ritmo de desmatamento (Serrão & Homma, 1993), mas outros não (Fearnside, 2002). Nota-se que poucas informações e bancos de dados existem ao nível das grandes propriedades, sendo que vários modelos de desmatamento foram elaborados considerando apenas os pequenos produtores (Piketty, 2003).

Bases metodológicas

Para determinar os fatores envolvidos em cada uma das três decisões citadas, foi priorizada a qualidade da informação e não a quantidade de dados a serem coletados. De fato, duas metodologias de coleta de informações são geralmente disponíveis para um estudo desse tipo. A primeira, tradicional, é baseada na seleção de uma amostra representativa de atores e o preenchimento de questionários fechados, cujas repostas são estatisticamente analisadas. A segunda, chamada de entrevistas interativas, foi a metodologia escolhida por vários motivos ligados às restrições da primeira metodologia, amplamente usada no passado (ver Wood et al. para mais detalhes sobre os vantagens e as limitações de cada metodologia e as justificativas da escolha da segunda metodologia).

As entrevistas interativas foram feitas num pequeno número de informantes-chave de cada região de interesse do projeto. Para um determinado grupo de atores, um informante-chave é uma pessoa que tem conhecimento profundo sobre esse grupo de atores, fazendo parte ou não dele. O seu conhecimento sobre o respectivo grupo lhe permite entender e explicar os objetivos e as estratégias dos atores considerados ou, pelo menos, fornecer elementos exclarecedores, a respeito das três decisões críticas. Os informantes-chave são, assim, o elemento central da pesquisa e a sua identificação deve ser muito criteriosa. Duas etapas foram necessárias antes da identificação dos informantes-chave e do início da pesquisa de campo. A primeira foi identificar os contextos críticos contrastantes das regiões ou sub-regiões homogêneas, por meio da informação disponível e do conhecimento da equipe. A segunda etapa foi a identificação dos grupos críticos de atores (pessoas físicas, pessoas jurídicas, agentes públicos e outros) participando do processo de desenvolvimento da pecuária, igualmente pela informação disponível e pelo conhecimento da equipe.

O número de informantes-chave para cada grupo não foi determinado no início da pesquisa: feitas as primeiras entrevistas interativas, uma nova é realizada com um outro informante-chave do mesmo grupo de atores. Caso a nova entrevista traga elementos novos ou contraditórios às primeiras, o processo é repetido até se chegar ao ponto de redundância sistemática nas repostas. Além disso, para se avaliar a precisão das repostas, algumas perguntas são repetidas para informantes-chaves de grupo de atores diferentes.

As entrevistas interativas não são baseadas em questionários fechados. De fato, de certa forma, as perguntas dos questionários podem se tornar hipóteses restritivas sobre as variáveis influenciando as três decisões. As entrevistas foram estruturadas como conversa aberta, sob a orientação dos entrevistadores, que garantiam que os vários tópicos fossem abordados. O informante-chave podia abordar vários aspectos das três decisões básicas, em função de seus próprios conhecimentos técnicos, econômicos, sociais, políticos, etc. Isso permitiu ao entrevistador abordar temas específicos sobre os quais ele tinha pouco conhecimento. Tais entrevistas foram então realizadas por um grupo interdisciplinar de pesquisadores (ciências animais, agronomia, sociologia, geografia, economia, ciências políticas) com experiência de vários anos e de competência complementaria no contexto amazônico. Além disso, como o projeto inteiro envolvia uma análise comparativa entre Peru, Equador e Brazil, as equipes incluíam pesquisadores desses países.

Após cada entrevista, as equipes reuniram-se para organizar e registrar todos os elementos da entrevista e realizar uma primeira análise sintética das repostas às três decisões críticas. Os relatórios dessa etapa foram depois tratados de maneira específica para cada decisão.

A análise da informação foi realizada de duas maneiras complementares. A primeira foi uma leitura atenta aos relatórios e uma avaliação qualitativa do seu conteúdo, tentando identificar os pontos relevantes das entrevistas por contextos e por grupos críticos. A segunda foi um conjunto de análises estatísticas, mono e multifatorial, com o objetivo de identificar índices estatísticos, agrupar as respostas e elaborar tipologias.

Foram identificados 25 fatores para a primeira decisão, sete para a segunda e seis para a terceira. Identificar os fatores relevantes para a segunda e a terceira decisão crítica foi mais difícil. Notou-se certa tendência do informante referir-se ao seu caso, como se o informante tivesse dificuldade de tratar essas decisões, no grupo por ele representado. Possivelmente, ele não se sentia capaz para fazê-lo. Assim, após as primeiras entrevistas, tentamos orientar um pouco a escolha dos informantes, considerando a segunda e a terceira decisões críticas. Além disso, aproveitamos a entrevista para visitar a propriedade do informante, no caso de ser um produtor, e checar as suas respostas sobre manejo da pastagem. Quase sempre confirmamos a validade das respostas ou pelo menos a boa intenção e a colaboração da grande maioria dos informantes. A situação foi mais difícil na terceira decisão, uma vez que alguns informantes adotaram um discurso circunstancial, especialmente aqueles envolvidos na política local.

Contextos críticos e grupos de produtores críticos

A grande diversidade encontrada na escala da bacia Amazônica observa-se também no imenso Pará (1,25 milhão km^2, 17% da superfície total da Amazônia, maior estado da Amazônia Oriental). Baseando em critérios agroecológicos e socioeconômicos, o Pará pode ser divido em sete grandes regiões como indicado na Figura 4: Nordeste Paraense, sudeste do Pará, sul do Pará, Transamazônica, Baixo Amazônas, BR 163 ou Cuiabá/Santarém e Estuário, incluindo a ilha de Marajó.

Figura 4

As principais regiões do Estado do Pará na Amazônia Oriental

Fonte: Autores com uso de Encarta (Microsoft Corp.).

Considerando que esses fatores agroecológicos e socioeconômicos devem ter alguma influência sobre a dinâmica da pecuária nas frentes pioneiras, três sub-regiões contrastantes foram escolhidas: a Zona Bragantina para o Nordeste Paraense, o sul do Pará e o município de Uruará para a Transamazônica.

A Zona Bragantina

A Zona Bragantina está localizada a leste da cidade de Belém, na região do Nordeste Paraense entre os meridianos 46°16' e 48°15' de longitude oeste e 0°45' e 1°39' de latitude sul. A Zona Bragantina é delimitada pela baía de Marajó a leste, pela fronteira paraense com o Estado do Maranhão a oeste, pelo oceano Atlântico ao norte e pelo rio Guamá ao sul (Figura 5). A Zona Bragantina tem uma área de 12.500 km^2 e uma população de 600 mil habitantes, considerando unicamente as duas microrregiões de Castanhal e Bragantina. Chega a 20 mil km^2 e quase um milhão de habitantes somando também a Zona do Salgado e a margem do rio Guamá, respectivamente localizadas ao norte e ao sul das microrregiões de Castanhal e Bragantina.

Segundo Falesi (1957), a maioria dos solos da Zona Bragantina é do tipo latossolo amarelo. No sudoeste da região, encontra-se uma mancha de solo Concrecionário Laterítico. A baixa fertilidade destes tipos de solos não permite produções elevadas de culturas perenes ou culturas anuais sucessivas sem o uso de fertilizantes. A pluviometria varia de 2.500 a 3.000 mm com uma freqüência média de 240 dias com precipitação (Sudam, 1984; Diniz, 1986, citados por Ludovino, 2002). O trimestre mais seco ocorre em setembro, outubro e novembro e o mais chuvoso, em fevereiro, março e abril. Essa grande quantidade de chuva favorece a lixiviação, diminuindo assim a fertilidade do solo. Entretanto, a boa distribuição da chuva favorece a pastagem. A duração anual de horas de brilho solar é de 2.200 horas

FIGURA 5
Mapa da Zona Bragantina

Fonte: Encarta (Microsoft Corp.).

(Diniz, 1986), confirmando uma forte nebulosidade com pequeno impacto negativo sobre qualquer tipo de culturas.

Com densidade demográfica de 45 a 50 habitantes por km², a Zona Bragantina contrasta com outras áreas do Estado do Pará e da Amazônia como um todo, onde a densidade demográfica é inferior a cinco habitantes por km². A Zona Bragantina representa cerca de 1% da área do Estado do Pará e abriga 9% da sua população (Prodepa, 2001). A Figura 5 mostra também a boa distribuição da rede rodoviária, favorecendo a comunicação entre um grande numero de pequenas cidades e povoamentos da região. Entretanto, a situação socioeconômica atual da Zona Bragantina não reflete bem a realidade da sua história.

O nome de Bragantina vem da estrada de ferro entre Belém e Bragança, construída no fim do século XIX que atravessa a região.

Até a construção da estrada de ferro, a região era coberta por florestas primárias. Unicamente a costa atlântica, denominada de Salgado e considerada fora da Zona Bragantina por alguns autores, era coberta por campo natural ou savana (...) Segundo Egler (1961), das primeiras explorações da costa oriental do Pará em 1531, feitas por Diogo Leite e Baltazar Gonçalves, até a construção da estrada de ferro, quase toda comunicação era feita por via fluvial e marítima. Assim, ao longo da costa foram fundados os mais antigos povoamentos da região: Bragança por volta de 1634 a 1640, Salinas em 1656, Vigia em 1670 (Ludovino, 2002). Apesar de ser penosa e difícil, com embarcações à vela, a via marítima representava uma importante forma de comunição com Belém ou São Luís, principais centros urbanos e administrativos. Ao sul, a facilidade de navegação pelo rio Guamá favoreceu um movimento de penetração a partir de Belém e o surgimento de pequenos povoamentos que resultaram nas cidades de São Miguel do Guamá e Ourém (Egler, 1961 citado por Ludovino, 2002).

A época da borracha mudou completamente a fisionomia da Zona Bragantina e da Amazônia em geral. Ela começou em 1839 com a descoberta do processo de vulcanização nos Estados Unidos e na Inglaterra e, em seguida, com a forte subida da demanda de borracha no mercado internacional. Assim, foi lançada a primeira colonização da Amazônia, a terra da borracha. Milhares de migrantes chegavam à Amazônia para explorar a borracha. O porto de Belém, localizado na boca sul dos rios Amazonas e Tocantins, virou o principal porto de exportação do importante produto: menos de 100 toneladas em 1825, mil toneladas em 1850, em torno de 2.500 em 1860 (Cordeiro, 1920), mais de 45 mil toneladas em 1898, metade para Europa e metade para os Estados Unidos (Cruz, 1973). Paralelamente, a cidade de Belém passou de 10 mil habitantes em 1800 para 62 mil em 1872 e em torno de 200 mil no início do século XX (Serre, 2001). O abastecimento de Belém começou a ser problema para o governo da província. Assim, em 1870, foi feita a primeira tentativa de promover a construção da estrada de ferro entre Belém e Bragança, localizada a leste com acesso mais fácil a São Luís e Maranhão. Foi elaborado um plano de colonização agrícola da Zona Bragantina. Segundo Ludovino (2002), à semelhança do que se realizava no sul do país, a vinda dos imigrantes era fomentada mediante a concessão de facilidades e por meio de propaganda feita no continente europeu. O primeiro núcleo de colonização foi implantado em Benevides, a 30 km de Belém, em 1875 com 180 pessoas. Rapidamente, começaram a chegar alguns migrantes brasileiros, oriundos do Nordeste. Como aconteceu um século depois nas outras frentes pioneiras, a movimentação de migrantes na colônia de Benevides foi muito grande nos primeiros anos, tendo sido registrados 364 entradas e 247 saídas entre 1875 e 1877 (Ludovino, 2002). As principais razões foram as difíceis condições de vida, a inexperiência agrícola dos migrantes no ambiente amazônico e, sobretudo, a falta de comunicação terrestre com Belém, uma vez que a construção da estrada de ferro foi iniciada somente em junho 1883, a partir de Belém para chegar a Benevides em novembro 1884 (Cruz, 1955). Assim, nos primeiros anos da colônia Benevides, o transporte fluvial foi o único meio para escoar a produção agrícola, ou seja, sem uma real vantagem comparativa sobre as outras áreas de produção. Face ao alto custo de manutenção da colônia, o governo da província a abandonou progressivamente. Portanto, nos anos seguintes, novas colônias foram implantadas ao longo da estrada de ferro: Apeú em 1883, Araripe em 1888, outras regiões de Castanhal e Marapanim em 1893, Bragança em 1894 etc., como indicado na Figura 5.

Nos últimos anos do século XIX, a substituição do barco pela locomotiva modificou a dinâmica da ocupação da Zona Bragantina, considerada, desde aquela época, a primeira frente pioneira da Amazônia Oriental. Milhares de imigrantes, brasileiros e estrangeiros, estabeleceram-se nas colônias implantadas ao longo da estrada de ferro (Cruz, 1955). Uma seca, excepcionalmente forte no Nordeste a partir de 1895, levou à Zona Bragantina novos fluxos de migrantes para fundar novas colônias (Egler, 1961; Penteado, 1967). Com a estrada de ferro, a cidade de Castanhal, vizinha de Igarapé-Açu, desempenhou a função de ponto de trilhos reforçando a sua posição de centro regional entre Belém e Bragança (Egler, 1961). Entretanto, a facilidade de escoamento da produção agrícola pela estrada de ferro não conseguiu resolver as outras inúmeras dificuldades encontradas pelos colonos, especialmente a baixa fertilidade dos solos, as difíceis condições climáticas, a incidência das pragas nas lavouras e a falta de tecnologias adaptadas e de apoio técnico. Assim, essa primeira fase da colonização pode ser avaliada de pequeno impacto, uma vez que os poucos avanços verificados foram beneficiados, sobretudo pela fantástica riqueza criada pelo comércio da borracha.

O fracasso do comércio da borracha na Amazônia no início do século XX acelerou o processo de ocupação da Zona Bragantina, levando numerosos seringueiros, que se implantavam de forma espontânea nas terras livres, às margens da estrada de ferro e, em seguida, ao longo das vicinais (Egler, 1961). Dominava a agricultura de subsistência, adaptada ao contexto amazônico, dos sistemas de produção nordestinos voltados para o consumo familiar e também para comercializar nos centros urbanos. Todos os colonos adotavam o sistema de corte-e-queima, cuja cultura principal, além do milho, do arroz e do feijão, base da alimentação das famílias, era a mandioca para a fabricação de farinha destinada ao mercado consumidor de Belém (Ludovino, 2002). Egler (1961) menciona também o cultivo de cana-de-açúcar para a fabricação de rapadura e aguardente, uma pequena produção localizada de cacau, tabaco, café e algodão e uma produção mais relevante de carvão nos municípios perto de Belém. O sistema de corte-e-queima necessitava da derrubada anual de uma área de floresta primária ou secundária (capoeira). O milho, o arroz ou o feijão eram plantados nas cinzas, preferencialmente em áreas novas. A maior parte da produção era consumida pela família. A outra parte era comercializada. A mandioca, que no sistema praticado requer pouca fertilidade do solo, era plantada depois da primeira cultura em área nova e, de vez em quando, como primeira cultura na capoeira. Além de exigir poucos cuidados agrícolas, a mandioca apresenta outras importantes vantagens, como a facilidade de armazenamento (diretamente no solo) e de processamento para produzir farinha. Assim, a boa aceitação da farinha de mandioca no mercado de Belém fez deste produto o carro-chefe da ocupação da Zona Bragantina. Alguns anos após o cultivo de mandioca, a área de capoeira era explorada para a produção de carvão.

Assim, explorada por meio do sistema de corte-e-queima e produzindo principalmente cereais, farinha de mandioca e carvão, em detrimento dos ecossistemas florestais naturais, a Zona Bragantina tornou-se o celeiro de Belém (Egler, 1961; Penteado, 1967; Ludovino, 2002). O processo de ocupação e exploração das áreas virgens da Zona Bragantina continuou até os meados do século XX. Segundo Ludovino (2002), a maioria das propriedades tem menos de 50 hectares, ou seja, predomina a agricultura familiar. Uma rede de pequenas cidades começou a se estruturar. A partir dos anos 1930, o governo começou a construção de rodovias locais para facilitar a comunicação e o transporte dos produtos entre essa região e Belém.

A construção das rodovias federais BR 010 (Belém/Brasília), a partir de 1959, e depois a BR 316 (Pará/Maranhão), mudou completamente a paisagem da Amazônia Oriental, integrando a região ao espaço nacional. Segundo Ludovino (2002), a região passou de novo por intensos fluxos migratórios. Os migrantes eram trabalhadores da construção de rodovias e numerosos colonos do Nordeste e do Sudeste, especialmente de Minas Gerais, em busca de terra para trabalhar. Novas frentes pioneiras foram abertas, principalmente no sul e sudeste do Pará, na Zona Guajarina, na região da Transamazônica, etc. Na

Zona Bragantina, a pressão fundiária aumentou nas terras livres, particularmente naquelas de acesso fácil ao longo das estradas e nas áreas de floresta primária então disponíveis. Progressivamente, a rodovia substitui a estrada de ferro que encerrou as suas atividades em 1966. Além da tradicional produção de farinha de mandioca e de carvão, desenvolveu-se, na metade do século XX, o cultivo da pimenta-do-reino, introduzida pela colonização japonesa vinte anos antes. Entretanto, segundo Egler (1961), esse cultivo foi reservado a uma classe privilegiada de agricultores com recursos financeiros, próprios ou financiados, para o plantio e compra dos insumos necessários à produção, devido à baixa fertilidade natural dos solos da região, agravada pelo uso prévio das áreas com culturas anuais. No mesmo tempo, alguns migrantes oriundos do Sudeste trouxeram à Zona Bragantina a pecuária mista de carne e leite, incorporando-a à agricultura familiar (Ludovino, 2002).

Até os anos 1960, a pecuária era pouco desenvolvida na Zona Bragantina, fora das áreas de pastagem nativa localizadas ao longo da costa atlântica onde se encontram algumas fazendas e pequenos rebanhos de pequenos produtores. Os principais polos de produção pecuária da Amazônia Oriental pertenciam à ilha de Marajó e o baixo Amazonas que valorizam, desde o século XVII, as imensas áreas de pastagem nativa por meio da pecuária extensiva (Teixeira, 1953; Láu, 2000). Na mesma época, a pastagem nativa dos cerrados do sul do Pará foi também utilizada para pecuária extensiva paralelamente à exploração da borracha do caucho (Ianni, 1978). O destino do gado da ilha de Marajó, do baixo Amazonas e dos outros lugares de pastagem nativa era Belém e, devido à ausência de transporte de carne refrigerada, os matadouros ficavam ao redor da cidade de Belém, principal pólo urbanizado da região. No final da década de 1960, a colonização oficial trouxe ao Pará novos pecuaristas, que desenvolveram fazendas com pastagem cultivada em área de terra firme em floresta primária ou capoeira, na base do sistema de corte-e-queima. Poucas fazendas implantaram-se na Zona Bragantina, comparado com outras frentes pioneiras da Amazônia Oriental. Os fazendeiros que escolheram a Zona Bragantina engordavam gado criado em outras regiões, transportado por balsa pelos rios e por caminhão e abatido nos matadouros, antes de serem comercia-lizados pelas redes de açougues em Belém. Paralelamente, essa cidade, economicamente quase estagnada desde o fim da época da borracha, no início do século, começou a crescer de novo impulsionada pela colonização, passando de 200 mil habitantes, em meados dos anos 1960, até quase 2 milhões no final do século (Serre, 2001). Para abastecer de carne esse mercado consumidor, as diversas cadeias bovinas da Amazônia Oriental se organizam em redes de fazendas de cria, de recria e de engorda, levando os bois para os matadouros ao redor de Belém. Em menos de duas décadas, a proporção de gado das regiões de fronteira (sul e sudeste do Pará, região de Paragominas e Transamazônica) ultrapassou aquela proveniente das regiões pecuaristas tradicionais da ilha de Marajó e do baixo Amazonas. Situações similares ocorreram em outras cidades antigas da Amazônia como Manaus, Santarém e Macapá, tradicionalmente abastecidas por gado das áreas de pastagem nativa e onde o mercado está dominado pelo gado da terra firme.

Voltando à Zona Bragantina, por ser a pecuária bovina uma atividade rentável e com facilidade de administração, comerciantes e profissionais liberais de Belém e de outros centros urbanos regionais têm investido nessa atividade em sítios ou pequenas fazendas, implementando uma pecuária de pequena escala. Além da pecuária, presente em aproximadamente 35% das propriedades (Billot, 1994), a produção de farinha de mandioca sempre tem sido uma atividade relevante no contexto da agricultura familiar. A produção de frutas também é abundante, tanto na grande produção como na agricultura familiar (Billot, 1994). A situação das explorações agroindustriais de grande escala é mais complexa, uma vez que se observa, de um lado alguns retrocessos, como no caso do dendê e da borracha e, de outro lado, um desenvolvimento significativo da avicultura, por exemplo. Nos últimos anos, devido à proximidade do mercado urbano de Belém, observa-se forte crescimento das hortas, especialmente na agricultura familiar, em sistema intensivo, usando pequenas áreas e grande quantidade de insumo, irrigação inclusive. Outra característica da Zona Bragantina é o tamanho relativamente pequeno das propriedades, em geral. O lote de colonização original é de 25 hectares. Pequenos produtores, que conseguem comprar mais lotes, chegam a pequenas propriedades geralmente menores de 100 hectares, tamanho do lote de colonização na Transamazônica e no sul e sudeste do Pará. O tamanho das fazendas da Zona Bragantina é também menor em comparação ao daquelas das regiões pecuaristas do sul, sudeste e leste do Pará.

Como aconteceu um século antes, a colonização oficial da Amazônia iniciada na segunda parte do século XX, modificou o papel da Zona Bragantina com respeito à cidade de Belém. A Zona Bragantina não é mais o principal celeiro de Belém. O desenvolvimento do sistema rodoviário permitiu o abastecimento de Belém a partir dos outros estados brasileiros, referente à maioria dos produtos alimentícios e das outras frentes pioneiras da Amazônia Oriental, referente à carne. Então, a Zona Bragantina especializou-se em alguns produtos tradicionais, como farinha de mandioca e frutas regionais ou novos, como hortaliças e ovos e carne de frango.

Segundo Ludovino (2002), a situação atual da Zona Bragantina é o resultado de um século dedicado à agricultura extensiva baseada no sistema de corte-e-queima. Segundo Billot (1994), o ecossistema florestal natural ocupa menos de 3% do espaço, ou seja, quase desapareceu em menos de 100 anos. A capoeira, que é o resultado do uso extensivo dos recursos florestais, ocupa mais ou menos dois terços do espaço. A área de uso agropecuário ocupa o restante, sabendo-se que a pastagem cobre em torno de 20% da área total. Analisada por Ludovino (2002), a dinâmica atual do uso da terra na Zona Bragantina,

Tabela 5
Evolução do uso da terra da agricultura familiar na Zona Bragantina, entre 1994 e 1997 (Dados coletados em uma amostragem de 95 propriedades)

Uso da terra	Ano 1994 Ha	Ano 1994 % da superfície total	Ano 1997 Ha	Ano 1997 % da superfície total	Evolução 1994/1997 (%)
Superfície total	58,0	100,0	60,0	100,0	+3,4
Floresta	1,6	2,8	1,6	2,7	0
Pastagem	12,7	21,9	17,0	28,3	+33,9
Culturas anuais	4,3	7,4	3,2	5,3	-25,6
Culturas perenes	3,4	5,9	3,2	5,3	-5,9
Capoeira	37	63,8	35,0	58,3	-5,4

Fonte: Billot (1994) e Ludovino et al. (1998).

entre 1994 e 1997, é apresentada na Tabela 5. Observa-se uma pequena diminuição da capoeira e um leve aumento da área de pastagem. As últimas áreas de mata virgem parecem protegidas. A área agrícola está estável. Entretanto, nota-se um início de intensificação do uso da terra, tanto das culturas perenes, inclusive as fruteiras, como das hortaliças, sabendo-se que, devido à baixa fertilidade do solo, a intensificação com o uso de fertilizantes, parece ser o único caminho para manter uma produção agrícola depois de 100 anos de exploração extensiva.

O sul do Pará

A região do sul do Pará ocupa as terras localizadas entre os rios Araguaia e Xingu no extremo sul do Estado do Pará, na fronteira com os Estados do Tocantins e Mato Grosso. O sul do Pará corresponde a um paralelepípedo de aproximadamente 100 mil km^2 compreendido entre os paralelos 7° e 10° de latitude sul e os meridianos 49° e 52° de longitude oeste de Greenwich. A população do sul do Pará é de aproximadamente 355 mil habitantes (IBGE, 1999) distribuídos em 15 municípios como indicado na Figura 6.

A fronteira ecológica entre a Floresta Amazônica e o cerrado atravessa a região do sul do Pará no sentido sudoeste/nordeste. As áreas de cerrado ficam principalmente no sudeste, sob a influência do rio Araguaia e em torno da fronteira com o Mato Grosso. O ecossistema de floresta ocupa o restante da região. Como na Zona Bragantina, a maior parte dos solos do sul do Pará é do tipo latossolo amarelo, apresentando baixa fertilidade com pouca capacidade de retenção de água e grande facilidade de compactação. No oeste da região, no ecossistema de floresta, encontram-se algumas manchas de podzólico vermelho, a terra rocha, que apresenta boa fertilidade apesar da carência em fósforo. O clima é de tipo Aw, segundo a classificação de Koppen. A pluviometria anual está em torno de 1.800 mm, com uma concentração das chuvas em 5 a 7 meses, entre novembro e maio e uma seca de 5 a 7 meses. A predominância de solo arenoso e a concentração das chuvas em alguns meses predispõem a região ao cultivo de plantas anuais no período chuvoso. Não há dados climáticos oficiais disponíveis antes da década de 1970. No entanto, alguns colonos têm observado uma variação significativa na distribuição das chuvas nos últimos 40 anos apesar da relativa estabilidade da pluviometria anual (Veiga et al., 2001). Segundo esses relatos, o período seco demoraria menos 30 anos atrás (3 a 4 meses) que hoje (5 a 7 meses). Além disso, nos últimos anos, a seca tem sido mais rigorosa, sem nenhuma chuva durante 4 a 5 meses, o que não acontecia antes. Além do mais, as primeiras chuvas do período chuvoso seriam mais violentas que 3 a 4 décadas atrás.

Antes da instalação dos primeiros colonos, ao fim do século XIX, podia-se encontrar na região dois grupos de índios, os Karajás e os Kayapós, localizados principalmente às margens do rio Araguaia e mata adentro, respectivamente. Baseado em algumas publicações, Ianni (1978) mostra que a região foi visitada, desde o fim do século XVII, por exploradores buscando diversas drogas do sertão e por alguns religiosos, viajando de barco pelo rio Araguaia. Era a época da Amazônia dos rios, denominação relacionada às únicas vias de comunicação possível (Droulers, 1995). Citando Coudreau (1897), Ianni (1978) menciona o bom relacionamento dos colonos com os índios, convertidos ou não, ocorrendo até mesmo mestiçagem entre os dois grupos, apesar de alguns conflitos. Um século depois, o governo do Pará decidira explorar os principais rios e conhecer as riquezas dos territórios Karajá e Kayapó (Gallais, 1942, In: Ianni, 1978).

FIGURA 6

População e localização dos municípios do sul do Pará

Município	População	Município	População
1. Santana do Araguaia:	26.000	9. Rio Maria:	17.000
2. Santa Maria da Barreira:	12.500	10. Bannach:	3.000
3. Conceição do Araguaia:	46.500	11. Tucumá:	36.000
4. Cumaru do Norte:	3.000	12. Xinguará:	33.000
5. Ourilândia do Norte:	14.000	13. Sapucaia:	4.000
6. São Félix do Xingu:	49.000	14. Floresta do Araguaia:	14.000
7. Redenção:	63.000	15. Água Azul do Norte:	28.000
8. Pau d'Arco:	6.000		

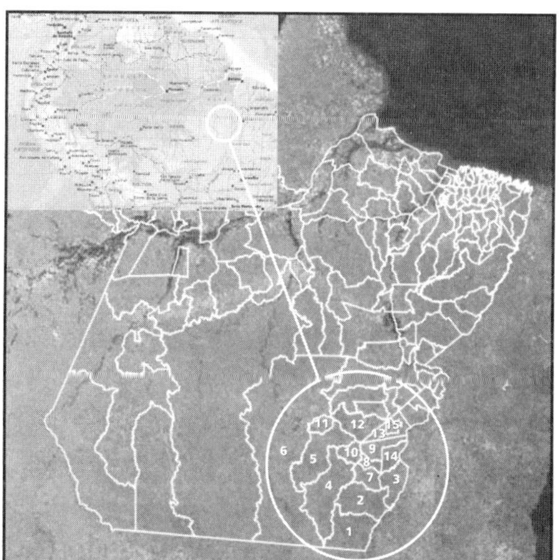

Fonte: IBGE, 1999.

A época da borracha estava começando e muitos migrantes chegavam à região, oriundos da região Nordeste. Nessa época, foi fundada a cidade de Conceição do Araguaia que se tornou rapidamente o principal ponto de apoio dos seringueiros, castanheiros, roceiros, criadores, religiosos e outros colonos já presentes na região. Nota-se que já existiam alguns povoados como Pau d'Arco, Chambioá, Santa Maria, Sant'Ana da Barreira e São Félix, localizados nas margens dos rios Araguaia e Xingu ou dos riachos navegáveis. Ressalte-se que hoje esses povoados são as sedes dos municípios da região (Figura 3). Entretanto, essa primeira colonização do sul do Pará e os povoamentos resultantes não podem ser comparados ao que aconteceu nas outras áreas de seringais da Amazônia, uma vez que a exploração do caucho (*Castiloca elastica*), única fonte de borracha da região, requer a derrubada das árvores produtoras, inviabilizando-se como um sistema extrativista sustentável. O seringueiro podia explorar a mesma área durante muitos anos sem diminuir a produção, enquanto o caucheiro do sul do Pará precisava avançar sempre para encontrar novas árvores. A diferença de coleta entre o caucho e a seringueira (*Hevea brasiliensis*) explicaria a fraca densidade habitacional do sul do Pará na época da borracha. De fato, em outras regiões da Amazônia, mais ricas em seringueira, como o Estado do Acre, por exemplo, a extração da borracha contribuiu para fixar os migrantes, de modo que um sistema de povoamento particular baseado no extrativismo persiste até hoje. Assim, segundo Ianni (1978), os colonos instalaram-se, nessa época, nas terras do rio Araguaia até o rio Xingu desenvolvendo agricultura de subsistência para consumo familiar e com pouco impacto ao meio ambiente. Dos grupos indígenas ocupando anteriormente a área, uma parte foi progressivamente integrada e outra parte desistiu das terras para se abrigar floresta adentro.

Como nas outras regiões da Amazônia dos rios, a época da borracha durou 3 a 4 décadas e terminou abruptamente pouco antes da primeira Guerra Mundial, com a entrada no mercado internacional da produção asiática. Segundo Ianni (1978), o município de Santana do Araguaia, que contava aproximadamente 11 mil habitantes em 1920, ou seja, logo após o fim do período da borracha, teria perdido a metade da sua população vinte anos depois. O fim da época da borracha deixou, no sul do Pará, uma paisagem regional com pequenos centros urbanos, de algumas centenas de habitantes, localizados às margens dos rios e dos riachos, principais vias de comunicação. Ao redor desse esboço de urbanização, a produção agrícola era baseada principalmente em pequenas propriedades combinando diversas explorações como o cultivo de arroz, de milho, de feijão e de mandioca, como a produção de frutas de quintal e como a criação de galinhas, de patos e de porcos, pequeno rebanho, especialmente para o consumo familiar de leite e poupança, de pesca e caça, de extrativismo de castanha-do-pará, borracha, madeira, etc. (...) As mangueiras de 60, 80 e 100 anos isoladas ou agrupadas em diversos lugares são testemunham da presença na região de antigos povoados e propriedades (Veiga et al., 2001). As entrevistas com pessoas idosas falando de sua infância, de sua juventude e de alguns documentos administrativos disponíveis confirmam esse tipo de paisagem. Ianni (1978) nota a presença de algumas pequenas fazendas de gado localizadas nas áreas de cerrados, a produção sendo destinada ao consumo local ou comercializada no mercado de Belém por via fluvial. Segundo De Reynal et al., (1995), a floresta constituía barreira natural ao desenvolvimento do gado e da pecuária. Ianni (1978) menciona também a dificuldade de acesso à região e o relativo isolamento do poder administrativo local, uma vez que vários dias eram necessários para se chegar a Belém de barco. No fim dos anos 1950 e início dos anos 1960, o acesso rodoviário pela Belém/Brasília coincidiu com a descoberta de jazidas de ouro na Mata Geral por um grupo de pioneiros do Sudeste que se basearam em levantamentos de tipos de solo realizados pelo Governo brasileiro alguns anos antes. Assim, desenvolveu-se novo ciclo de atividades no sul do Pará, quase 50 anos após o fim da época do caucho. Além do ouro, os pioneiros encontravam terras boas para atividades agropecuárias, especialmente as manchas de terra roxa na parte oeste da região e ricas de madeira, especialmente em mogno. Apesar da grande dificuldade de acesso dessas terras, alguns desses pioneiros solicitaram do poder público a titulação de imensas áreas. Naquela época, a unidade de titulação de terra era de 900 alqueires, ou seja, aproximadamente 4300 hectares por pessoa. Assim, reunindo várias pessoas de uma mesma família ou grupos de famílias, foram criadas imensas propriedades de dezenas e centenas de milhares de hectares de floresta primária, incluindo algumas comunidades indígenas e de caboclos. Nesta época, foi criada a cidade de Redenção ao redor da pista de avião que dava apoio aos fazendeiros já instalados e aos novos migrantes que buscavam terras virgens para implantar novas fazendas. Segundo os pioneiros daquela época, a maneira de identificar e delimitar uma futura terra envolvia visualização do alto, de avião, sem levar em consideração as pequenas propriedades e os povoamentos já existentes. Depois, a titulação oficial das terras, por meio do Instituto da Terra do Pará (Iterpa), era unicamente uma questão de tempo.

Assim, antes da colonização oficial, a situação fundiária no sul do Pará já era bastante complexa, com vários segmentos sociais com interesses diversos: a) os índios Karajás e Kayapós, primeiros habitantes da região; b) os peões instalados em vários lugares, a maioria da época da borracha, há mais de 50 anos, desenvolvendo atividades características da agricultura familiar e c) os novos pioneiros oficialmente proprietários de grandes fazendas demarcadas pelo poder público. Entretanto, a grande quantidade de floresta virgem e de terra livre pode ser considerada como fator que atenuou os primeiros conflitos, cada segmento tendo possibilidade de adquirir novas terras (Oliveira et al., 2002). A população do sul do Pará aumentou progressivamente até atingir o fim da época da borracha, no início dos anos 1960, e chegar ao redor de 40 mil habitantes em 1970, com 80% no meio rural (Ianni, 1978).

Ao final dos anos 1960, o plano de colonização da Amazônia do governo militar institucionalizou no sul do Pará um processo já em andamento. Também, havia uma intenção por parte do referido governo de exercer controle sob a região e evitar assim movimentos sociais como a guerrilha do Araguaia. Para isso, os clientes preferenciais contemplados com a distribuição de terra eram empresários do Sul e do Sudeste (Veiga et al., 2001). Pela titulação de terras, incentivos fiscais e diversos subsídios oferecidos pelos órgãos públicos Sudam e Basa, parceiros do Iterpa, o governo incentivou novos empresários do Sul e do Sudeste a investir na região. O mapa da Figura 7, elaborado em 1972 com dados de 1968 e 1971, indica a distribuição das terras do município de Santana do Araguaia que foi dividido, posteriormente, em dois municípios: Santana do Araguaia e Santa Maria das Barreiras. A unidade fundiária (divisão mínima do mapa) de 900 alqueires, ou seja, aproximadamente 4.300 hectares dão uma idéia do tamanho das propriedades. Os maiores projetos receberam mais de 200 mil hectares.

Segundo Ianni (1978), os primeiros municípios que aproveitavam os recursos da Sudam foram Conceição do Araguaia, Santana do Araguaia, ou seja, os dois municípios do sul do Pará daquela época, e também Paragominas com respectivamente 33, 20 e 14 projetos agropecuários aprovados. Somente uma parte das fazendas estabeleceu efetivamente a pastagem planejada e introduziu o gado, justificando os recursos recebidos.

A articulação com madeireiras para exploração do mogno não acontecia em todos os casos e, muitas vezes, a floresta queimava sem ter sido retirada a madeira de valor, o que demonstrava pouca preocupação desses donos de projetos agropecuários com a geração de renda e, menos ainda, com o ambiente, seus objetivos eram os subsídios e os incentivos. Outros empresários especulavam a terra, sem investir e com o único objetivo de vendê-la a curto ou médio prazos. Uma outra parte, possivelmente a maior, desistiu das terras recebidas por causa dos conflitos criados, tendo aproveitado, entretanto, os subsídios e os incentivos. Essas fazendas foram posteriormente compradas ou invadidas por novos fazendeiros, madeireiros e pequenos produtores nas décadas seguintes, iniciando novo ciclo de luta pela terra, segundo a expressão de Ianni (1978). Algumas seriam indenizadas pelo Governo no contexto da reforma agrária. Vários informantes confirmaram a falta de avaliação das atividades desenvolvidas pelos financiadores, o que indica falta de controle dos recursos públicos investidos na colonização.

FIGURA 7

Mapa da distribuição das terras do sul do Pará no fim dos anos 1960

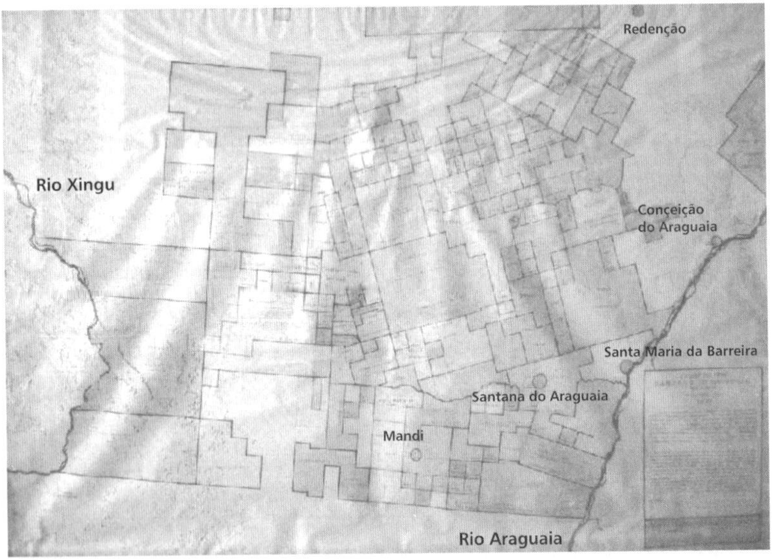

Fonte: Paraguassu, 1972, com dados de 1968.

Para apoiar os projetos agropecuários e reforçar a colonização, um frigorífico com capacidade de 1.200 bois/dia foi financiado e instalado perto da cidade de Santana do Araguaia. Entretanto, naquela época, o isolamento do sul do Pará impedia o escoamento dos produtos agrícolas, uma vez que, para chegar a Belém, o gado e a madeira deveriam seguir a rodovia Belém/Brasília, ou seja, ir até Conceição do Araguaia, depois atravessar os Estados do Tocantins (antigamente norte do Goiás) e do Maranhão, antes de voltar ao Pará e chegar à capital paraense. Para chegar aos centros consumidores do Sudeste, o gado deveria também seguir a Belém/Brasília, uma vez que não havia estrada pavimentada passando por Mato Grosso. Por dificuldade de comercialização, a grande parte da madeira disponível nas áreas transformadas em pastagem não era valorizada, exceto na construção de casas, cercas e instalações na região. O isolamento dos pecuaristas e madeireiros do sul do Pará e o crescimento do *lobby* político dessa região foram as principais razões da construção da estrada PA 150 pelo Exército, a partir de 1970, dando acesso direto à cidade de Belém e aos Estados do Sudeste. A partir desta época, iniciou-se o ciclo da madeira, aproveitando as florestas úmidas do oeste da região, ricas em mogno. Depois da borracha e do ouro, esse novo ciclo gerou novos empregos e desenvolveu mecanismos mais eficientes que o garimpo em termo de desenvolvimento regional.

Com o ciclo da madeira, um novo tipo de migrante chegou do Sul, do Sudeste e do Centro-Oeste. Esses migrantes eram jovens, de 25 a 30 anos, originários de famílias bem-sucedidas nas atividades agropecuárias e, muitas vezes, com uma ou duas outras experiências de colonização agrícola em regiões mais ao sul: Tocantins, Goiás, Paraná, etc. Usando estratégias diversas, esses novos atores tentaram recuperar projetos agropecuários abandonados; invadiram e/ou ocuparam terras já tituladas e não exploradas ou abandonadas, tentando, de todas as formas, regularizar sua situação fundiária. Nessa fase, conhecida como uma colonização espontânea (Hebette e Azevedo,

1979), já sem ou com menos incentivos e subsídios públicos, os pioneiros eram motivados pela possibilidade de lucrar, extraindo madeira, adquirindo imensas terras sem grandes dificuldades e desenvolvendo atividades pecuárias lucrativas. Observa-se, nesse segmento social, perfeita articulação entre dois tipos importantes de atividade econômica, excelentes formas de acumulação monetária: pecuária e exploração madeireira. Em menos de 12 a 15 anos, todas as terras do sul do Pará tinham sido distribuídas entre os diversos empresários, apoiados pelo poder público e sem considerar os ocupantes da terra, iniciando os graves conflitos. Diversos autores, como Ianni (1978), Schmink e Wood (1992) e Treccani (2001) relatam a intensa luta pela terra que aconteceu entre os novos fazendeiros e os posseiros já instalados, antigos caucheiros, garimpeiros e pequenos produtores. Entretanto, desde essa época, observam-se vários motivos de invasão que nem sempre são reveladores de conflitos fundiários.

Paralelamente, os novos migrantes têm participado, de maneira significativa, na construção da nova região do sul do Pará, por meio de certa liderança nas atividades agropecuárias e na extração da madeira. Alguns deles assumiram cargos políticos na liderança dos novos municípios criados na região. Sob a pressão dos madeireiros e dos fazendeiros, foram asfaltadas as rodovias PA 150 e BR 158 e foi construída uma rede de estradas secundárias, permitindo o escoamento da produção. A cadeia da madeira tornou-se rapidamente a principal fonte de empregos na região e centros urbanos criaram-se ao redor das serrarias. Apesar de não oferecer muitos empregos diretos, o significante rebanho bovino da região atraiu agroindústrias (frigoríficos, fábricas de couro, laticínios, etc.) e sustentou diversas atividades, como o transporte de animais e o comércio de insumos e equipamentos. No ano de 2002 , o Basa e o Instituto de Pesquisa Econômica Aplicada (Ipea) escolheram o sul do Pará para establecer um polo-piloto de pecuária de corte, ilustrando o peso político do setor no desenvolvimento da região (*Jornal da Terra*, Redenção 2002).

Em contrapartida, a região é hoje marcada por altíssima taxa de desmatamento, uma das maiores da Amazônia. Os municípios mais antigos, como Conceição do Araguaia e Redenção, por exemplo, têm índices de desflorestamento de 60% (área já desmatada), com 90% da área desmatada transformadas em pastagem. Os municípios colonizados mais recentemente, como Cumaru do Norte ou São Félix do Xingu, por exemplo, apresentam taxas anuais de desmatamento em torno de 1,3% dos recursos florestais durante os últimos anos, com cobertura de pastagem de mais de 90% da área desmatada.

Assim, 30 anos depois do início da colonização oficial, os atores locais consideram que a extração da madeira e a pecuária, apoiada pelo poder público, foram as duas ferramentas da construção da região do sul do Pará. A análise do processo mostra também que a colonização foi realizada pelo complexo Goiás/ Minas Gerais, uma vez que os principais atores econômicos e fundiários da região são oriundos desses estados e sempre mantêm com eles ligação estreita (Veiga et al., 2001). Um outro aspecto da colonização do sul do Pará é a marginalização dos atores tradicionais, índios e peões, e a apropriação de suas terras. A respeito da questão indígena, foram criadas extensas reservas indígenas, impedindo a entrada de fazendeiros, mas não dos madeireiros (ver, por exemplo, Mertens et al., 2002 no caso das reservas de São Félix do Xingu).

É interessante ressaltar que são nas frentes pioneiras mais envolvidas na pecuária, como o sul do Pará, que se encontram alternativas à pecuária. Desde o início da década de 1990, fala-se da entrada da soja na região do sul do Pará. Alguns testes foram realizados sem grande sucesso e sem interesse dos atores locais. Esses preferem investir os recursos geridos pelo complexo pecuária/madeira, em plantações de árvores madeiráveis, denominadas de projetos de reflorestamento, beneficiando-se assim de financiamentos públicos disponíveis no Basa e na Sudam.

Uruará na Transamazônica

O município de Uruará ocupa uma superfície de 10.500 km^2, atravessada por 105 km da rodovia Transamazônica, entre os Km 130 e Km 235, no sentido Altamira/Itaituba. A sede municipal dista aproximadamente 180 km da cidade de Altamira, a leste e 500 km da cidade de Itaituba, a oeste Instituto de Desenvolvimento do Pará (Idesp), 1990). Limita-se com os municípios de Prainha ao norte, Medicilândia ao leste, Altamira ao sul e Placas, ao oeste. Uruará fica na microrregião de Altamira que compreende também os municípios de Altamira, Medicilândia, Brasil Novo, Senador José Porfílio, Anapú e Pacajá. Esses municípios, juntamente com o de Porto de Moz, formam a região da rodovia Transamazônica (BR 230) (Figura 8).

As principais características do clima predominante, de tipo Ami na classificação de Köppen, são pluviosidade com média anual de 2.000 mm, estação seca de julho a novembro, temperatura média entre 25° a 28°C (média da máxima 31° e da mínima 22,5°C), umidade relativa acima de 80%, em quase todo o ano. A topografia é irregular com ondulações variando entre 50 m a 200 m acima do mar (Idesp, 1990). A peculiaridade de Uruará e dos municípios vizinhos, ao longo do trecho de Altamira a Placas, é a presença de solos de basalto decomposto, oriundos do vulcanismo fissural, dando manchas de terra roxa (solo do tipo podzólico vermelho) de estrutura e de textura excelentes, apesar de apresentarem carência em alguns nutrientes, especialmente o fósforo. Essa terra roxa é propícia às culturas perenes, particularmente o cacau. Além das manchas privilegiadas de terra roxa, são encontrados solos do tipo podzólico amarelo que, mesmo sem a qualidade da terra roxa, apresentam alguma potencialidade agrícola. Os outros solos são de tipo latossolo amarelo, como ocorre nas duas outras regiões de estudo, a Zona Bragantina e o sul do Pará. O potencial de parte dos solos de Uruará para mecanização é limitado em virtude do relevo acidentado (Poccard-Chapuis, 1997).

O município de Uruará está localizado entre os rios Xingu, Amazonas e Tapajós. Três rios de importância menor, Uruará, Trairão e Tutuí, atravessam o município. Ao sul da rodovia, essa rede delimita áreas com relevo leve, bem drenadas, irrigadas por pequenos riachos passando na maioria das propriedades. Ao norte, são encontradas áreas mais secas, onde a falta de água torna-se problema na época menos chuvosa.

A criação do município de Uruará é recente, tendo sido desmembrado politicamente do município de Prainha, em 1988 (Idesp, 1990). A história de Uruará começou com a abertura da rodovia Transamazônica que chegou à sede atual do município no fim do ano 1972. Em 1973, a primeira igreja foi construída ao lado de um ponto de apoio ao tráfego, bastante ativo naquela época por causa da construção da rodovia. Sob a pressão dos colonos, o Instituto Nacional de Colonização e Reforma Agrária (Incra) iniciou a urbanização por meio da atribuição de lotes.

Depois foram instalados os primeiros comércios (Ferreira, 2002). O poder da igreja sempre foi forte em Uruará, pela formação das lideranças locais e da organização do espaço sociopolítico. A população do município foi estimada em 18.200 habitantes em 1990 (Idesp, 1990) e em 15.000 em 2000 (IBGE, 2002). Um terço mora na sede e o restante no interior, ao longo da rodovia Transamazônica e dos vicinais. A taxa de crescimento seria de aproximadamente 10%.[3]

Ao contrário da Zona Bragantina e do sul do Pará, o município de Uruará não foi colonizado antes da iniciativa oficial do final dos anos 1960, com exceção das margens do rio Irirí. Essas margens pertenciam ao município de Altamira e foram ocupadas, desde a época da borracha, como testemunha da presença antiga de comunidades

[3] Em 1992, a prefeitura tentou apresentar cifras maiores, quase 52.000 habitantes (PMU, 1994), para captar mais recursos federais, explicando a polêmica em torno da população de Uruará durante a década de 1990.

FIGURA 8
Localização do município de Uruará-PA, na Transamazônica

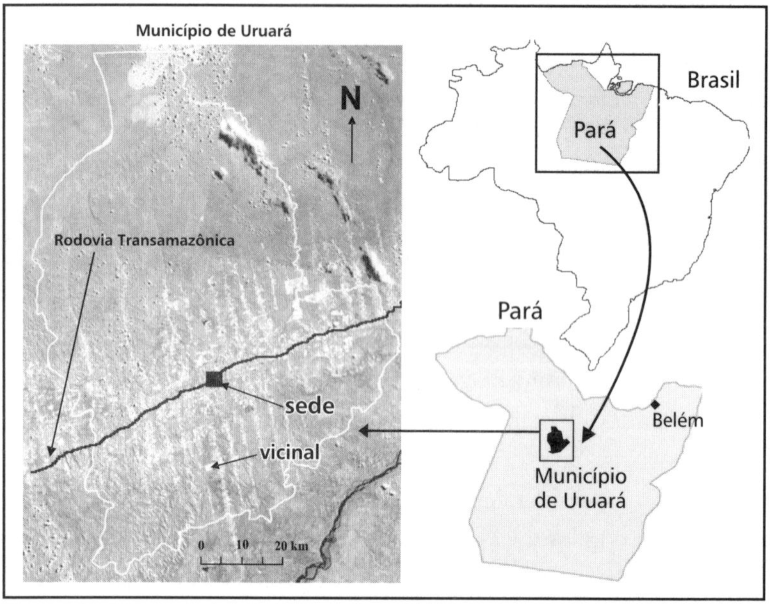

Fonte: Bonaudo et al., 2003.

ribeirinhas. São encontradas, também, aldeias indígenas do grupo dos Ararás, concentradas na área em que foi criada a reserva do mesmo nome. Ao contrário do sul do Pará, onde o Governo planejou a implementação de grandes fazendas para organizar o espaço, a colonização da Transamazônica envolvia pequenos produtores com finalidade de resolver as crises rurais nas suas regiões de origem, especialmente concentração fundiária no Sul, Sudeste e Nordeste do país. O órgão responsável não foi a Sudam e sim o Incra, cujo mandato é a reforma agrária. Inicialmente, o Governo assumia a vinda dos colonos e a atribuição de lotes de 20 alqueires, ou seja, 100 hectares, ao longo da estrada Transamazônica e das suas vicinais ou travessões construídos a cada 5 km, tanto no sentido norte como no sul, como indicado no mapa da Figura 5. O Incra delimitou 27 fazendas de 3 mil hectares, 186 propriedades de 500 hectares e 3.640 lotes de 100 hectares. Assim, o município de Uruará, representativo daquela região, foi basicamente colonizado por pequenos agricultores migrando do Sul, do Sudeste e do Nordeste – uma situação fundiária bem diferente do que aconteceu no sul e leste do Pará.

Também não houve o ciclo de ouro e o da madeira aconteceu de maneira mais progressiva, ainda progredindo, enquanto encontra-se em crise profunda nas regiões precedentes por falta de matéria-prima. Após os primeiros anos, a atuação do Incra foi diminuindo e a infra-estrutura rodoviária degradou-se rapidamente, levando a região a uma situação de isolamento que ainda perdura.

No início da colonização, predominava a agricultura de subsistência. As duas grandes ondas de migração, dos meados dos anos 1970 e dos anos 1980, correspondem a dois grandes ciclos econômicos da região, o ciclo do cacau, no início da colonização, de 1973 a 1975, e o ciclo seguinte da pimenta-do-reino, de 1985 a 1986. Como mencionado, o bom desenvolvimento das culturas perenes foi possível por causa da existência de terra roxa, solo de excelente estrutura, razoável fertilidade, com apenas uma carência de fósforo. A cultura do cacau passou a ganhar importância a partir da implantação de um programa de fomento daquela cultura na Amazônia, o Pro-cacau, pela Instituição encarregada da pesquisa e da extensão do cacau (Ceplac) em 1976. Ocupando as manchas de terra roxa, essa cultura foi se expandindo até atingir um pico de produção no período de 1985 a 1986, quando o seu preço atingiu maior valor no mercado internacional. A brusca queda da cotação do produto, as novas exigências de qualidade do cacau exportado e o agravamento do problema fitossanitário (doença vassoura-de-bruxa) motivaram a decadência dessa cultura nos anos seguintes, embora a região da Transamazônica constitua-se, ainda, a principal área produtora no estado. Com o desestímulo do cacau, outros cultivos perenes como a pimenta-do-reino e o café, assim como a pecuária, passaram a se constituir alternativas preferenciais de investimento dos produtores, aumentando progressivamente a sua participação na economia local. Assim, os primeiros ciclos do cacau e da pimenta-do-reino das décadas de 1970 e 1980 permitiram desenvolvimento do município de Uruará e dos municípios vizinhos, em torno da agricultura familiar. Paralelamente às culturas perenes, a maior parte das propriedades explorava roças de culturas anuais de subsistência, no sistema de corte-e-queima e um pequeno rebanho leiteiro também para suprir o consumo familiar.

No final dos anos 1980 e início dos 1990, a crise da comercialização das culturas perenes, seguida da queda simultânea dos preços do cacau, da pimenta-do-reino e do café, provocou enormes prejuízos aos produtores. Os baixos retornos econômicos da produção de grãos favoreceram uma mudança no padrão de uso da terra na região, com o crescimento da pecuária, em maior escala. No início dos anos 1990, Walker et al. (1995) constataram que, no trecho da Transamazônica entre Altamira e Rurópolis, aproximadamente 76% dos produtores trabalhavam concomitantemente com culturas anuais, culturas perenes e pecuária. Na mesma época, Veiga et al. (1996) registraram que 70% dos produtores do município de Uruará já tinham gado nas suas propriedades. Os restantes já tinham estabelecido pastagem com o objetivo de adquirir um rebanho a curto prazo, especialmente por meio do FNO, financiamento público de apoio à agricultura familiar, mostrando que o ciclo da pecuária já tinha se iniciado na região da Transamazônica: "Dois terços dos produtores têm gado no pasto e um terço tem gado na cabeça" segundo Veiga et al. (1994).

Para caracterizar melhor o início do ciclo da pecuária, diversos autores falaram do processo de pecuarização da agricultura familiar, como tendência do pequeno agricultor a adotar sistema de produção baseado quase exclusivamente na pecuária em detrimento das outras atividades agrícolas, caso de Coy (1986) em Rondônia, Topall (1991) no sudeste do Pará e Walker et al. (1995) e Castellanet et al. (1995) na Transamazônica. Essa tendência refletiria as condições socioeconômicas das frentes pioneiras onde prevalecem as dificuldades de transporte e de comercialização dos produtos agrícolas tradicionais (Veiga et al., 1996). Assim, além da queda dos preços das culturas perenes, outros fatores foram suspeitos de influir na decisão dos pequenos produtores de optar e/ou desenvolver atividade pecuária. A estabilidade do preço da carne e do boi, acompanhando a altíssima inflação daquela época, em torno de 0,5% a 1% por dia, tinha certamente um papel relevante. O quilo ou a arroba de carne virou referência monetária no meio rural da Amazônia brasileira inteira. Por exemplo, dizia-se que um rolo de arame valia três arrobas de carne ou um carro valia vinte bois. Entretanto, em 1994, quando a inflação estabilizou-se, o processo de pecuarização não foi freado.

Dessa forma, assistiu-se a uma generalizada expansão da pecuária entre os pequenos produtores, apesar dos conflitos econômicos, sociais e políticos inerentes a esse sistema de uso da terra, amplamente reportado na literatura (Hecht, 1989; Browder, 1988; Uhl et al., 1990). A dificuldade de sobreviver num pequeno lote com a única renda da pecuária, uma média de R$ 30/hectare e por ano ou por vaca (Tourrand et al., 1995), levou várias propriedades ao colapso. Muitos pequenos produtores começaram arrancar os pés de cacau, de café e de pimenta-do-reino para expandir as áreas de pastagem e criar mais gado. O desmatamento aumentou para implantar novas pastagens, mas também para plantar arroz e milho como cultura de abertura e para o consumo familiar. Também, para famílias novamente carentes por causa da crise, a lavoura branca tornou-se a principal fonte de renda. Outros produtores decidiram vender suas propriedades para pagar suas dívidas ou manter o mesmo padrão de vida, optando por procurar emprego no setor madeireiro, em pleno desenvolvimento. A dinâmica do uso da terra em Uruará no contexto da agricultura familiar e dos médios produtores, entre 1994 e 1997, analisada por Ferreira (2001), é apresentada na Tabela 6. Nota-se aumento do tamanho médio das propriedades, traduzido principalmente por aumento da área da pastagem. Observa-se também aumento da área de capoeira e juquira, resultado do abandono de algumas parcelas de culturas perenes e de pastagens degradadas. Pode-se verificar a diminuição da área agrícola, tanto para as culturas anuais como para as perenes.

TABELA 6
Evolução do uso da terra na agricultura familiar do município de Uruará-PA entre 1994 e 1997 (Dados coletados em uma amostragem de 104 propriedades)

Uso da terra	Ano				Evolução 1994/1997 (%)
	1994		1997		
	Ha	% da superfície total	Ha	% da superfície total	
Superfície total	205,0	100,0	249,5	100,0	+21,7
Floresta	131,0	2,63,9	139,0	55,7	+6,1
Pastagem	48,0	23,4	81,0	32,5	+68,8
Culturas anuais	5,4	2,6	3,5	1,4	-35,2
Culturas perenes	12,4	5,9	11,0	4,4	-8,3
Capoeira	8,6	4,2	17,0	6,8	+97,7

Fonte: Veiga et al. (1996) e Ferreira (2001).

Como em toda crise, alguns atores levam vantagem aplicando juros altos, comprando barato as terras das famílias em colapso e estruturando novas pequenas fazendas. Assim, em poucos anos, apareceu um novo grupo de atores rurais, os chamados médios produtores, oriundos da agricultura familiar, bem-sucedidos na crise das culturas perenes, proprietários de vários lotes e geralmente envolvidos no comércio local ou regional.

Não se falava do processo de pecuarização da grande produção, possivelmente por causa da predominância histórica da pecuária nesta categoria de produtores, mesmo em Uruará, uma vez que 85% das fazendas daquela época já estavam criando gado. Também, não foi observado, neste grupo de atores, um processo de concentração fundiária como aconteceu no caso dos médios produtores. No entanto, os fatores econômicos relacionados com a pecuária, como por exemplo, a altíssima inflação e depois sua estabilidade, afetaram bastante os fazendeiros, que costumam falar de dois tipos de boi: um de antes e outro da época do Real, referindo-se ao Plano Real de 1994.

Em Uruará, no ano de 1993, ou seja, na época da inflação alta e do ciclo da pecuária, a produção agrícola anual do município de Uruará foi estimada em 65 mil sacos de cacau, 120 mil de pimenta-do-reino, 112 mil de milho e 120 mil de arroz e o tamanho do rebanho bovino em torno de 80 mil cabeças (Prefeitura Municipal de Uruará, 1994). Dessa forma, a especificidade da dinâmica da Transamazônica foi a entrada da pecuária depois da primeira fase de colonização, numa estrutura fundiária de tipo agricultura familiar (100 hectare) relativamente estável, baseada nas produções puramente agrícolas, anuais e perenes.

Paralelamente ao ciclo da pecuária, os meados da década de 1990 foram marcados pelo início do *boom* da madeira. Em 1990, existiam apenas duas serrarias. Uma dezena de novas serrarias foi aberta de 1995 a 1996. Mais recentemente, uma nova dezena de serrarias foi aberta. Hoje, em torno de 1.500 pessoas trabalham no setor pecuário que constitui a principal fonte de emprego do município. Para se ter uma idéia, a Prefeitura tem aproximadamente mil funcionários, especialmente no setor da educação e da saúde e o número de aposentados é de mais ou menos 1.500 pessoas (Bonaudo et al., 2003).

A partir de 1997 e 1998, o preço das culturas perenes, cacau e pimenta-do-reino, subiram de novo, passando de R$ 1 a 2/kg a R$ 4 a 5/kg, com picos de até R$ 7 a 8/kg. A maioria dos produtores e técnicos, desanimados com as culturas perenes após a crise do fim da década de 1980 e início da década de 1990, não acreditaram na sustentabilidade do processo e na possibilidade de se ter um novo ciclo das culturas perenes. Os poucos produtores que vinham mantendo as suas plantações tiveram elevados ganhos em pouco tempo. A situação perdurou em 1999. Em 2000, novas febres do cacau e da pimenta-do-reino ocorreram no município de Uruará e em toda a região da Transamazônica. Paralelamente, a Sudam liberou alguns financiamentos para projetos agropecuários diversificados, integrando a pecuária de corte com as plantações de cacau, de café e de palmito. É interessante ressaltar que o ciclo atual das culturas perenes, na agricultura familiar e o da madeira, no setor agroindustrial, não têm atrapalhado o desenvolvimento da pecuária. Em 2002, o rebanho bovino uruaraense era de mais de 150 mil cabeças, divididas entre a agricultura familiar, os médios produtores e os fazendeiros.

A respeito do processo de desmatamento ocorrendo em Uruará, Venturieri et al. (2003) avaliam em 15% da área municipal já aberta e usada nas atividades agrícolas. Analisando a seqüência 1986, 1992 e 1999 das imagens de sensoriamento-remoto, os mesmos autores calculam uma taxa anual de desmatamento de aproximadamente 0,85%, ou seja, uma situação de forte contraste com a Zona Bragantina e o sul do Pará. A Tabela 2 mostra que, na área ocupada pela agricultura familiar, a percentagem de área de floresta (ainda florestada) era de 55% em 1997 quando deveria ser de, aproximadamente, a metade. Encontraram-se valores similares para a grande produção e valores pouco maiores para o grupo dos médios produtores, devido a forte expansão da pecuária neste grupo de atores nos cinco a dez últimos anos.

Em conclusão, o município de Uruará, desde a chegada dos primeiros colonos, tem passado por algumas mudanças características das grandes transformações ocorridas na região da Transamazônica como um todo. Identificam-se três períodos distintos: o primeiro em que prevaleceram as culturas de subsistência (1972 a 1978); o segundo, que marcou a introdução e produção de culturas perenes como o cacau, a pimenta-do-reino e o café (1978 a 1988) e o terceiro da pecuarização e do *boom* madeireiro, até o fim do século XX. Esse terceiro período continua com um novo ciclo das culturas perenes, especialmente o cacau e a pimenta-do-reino, mas sem prejudicar as atividades já implantadas, pecuária e exploração da madeira.

Síntese sobre os contextos críticos

A respeito do meio físico, a Zona Bragantina apresenta boas condições para o desenvolvimento de pastagem, especialmente, boa distribuição de chuvas e fertilidade do solo ainda suficiente, embora baixa para a agricultura. As principais limitações do sul do Pará para a agricultura são a seca que dura de cinco a sete meses e a baixa fertilidade do solo. O município de Uruará apresenta terras de boa fertilidade de solo para a agricultura, especialmente a terra roxa para as culturas perenes e a terra mista para as culturas anuais e algumas perenes, ou seja, a parte biofísica favorece as alternativas à pecuária. O forte relevo encontrado na região não favorece a implantação de pastagem, ao contrário das outras duas regiões onde predominam as áreas planas.

A respeito dos atores, a grande propriedade é mais adequada à pecuária de corte. A agricultura familiar, em pequenos lotes, é mais adaptada à pecuária de dupla finalidade leite/corte, quando é possível comercializar os produtos leiteiros e à agricultura diversificada. Em todas regiões, encontram-se migrantes com boa experiência e com forte tradição na pecuária leiteira e outros na pecuária de corte. A colonização de Uruará iniciada nos primórdios dos anos 1970, foi completamente planejada pelo governo para establecer pequenas propriedades (lotes de 100 hectares). O sul do Pará, ao redor de Redenção, foi colonizado intensivamente dez anos antes com o início da construção da rodovia Belém/Brasilia, de uma maneira espôntanea e as grandes propriedades dominam o uso da terra. A Zona Bragantina é a frente pioneira mais antiga com distribuição relativamente igual entre grandes e pequenas propriedades.

Localizada perto de Belém e com boa rede rodoviária, a Zona Bragantina autoriza a implantação de diversas alternativas agrícolas como hortaliças, culturas anuais, frutas, pecuária leiteira, etc. O pequeno tamanho das propriedades e o alto preço da terra, devido a proximidade de Belém, favorecem o processo de intensificação, o uso de insumos, a mecanização, a irrigação, etc. Ao contrário, o município de Uruará de acesso difícil não apresenta mercado local para qualquer produto. A produção das culturas perenes, componentes relevantes da agricultura familiar, é totalmente exportada da região para ser processada. O sul do Pará fica numa situação intermediária com boa rede de estradas, mas sem mercado local consumidor importante. Apenas a produção leiteira aproveita as estradas para alcançar outros mercados, dinamizando este setor.

O avanço do desmatamento de florestas primárias não é mais importante na Zona Bragantina, visto que os ecossistemas florestais naturais quase já foram esgotados. Entretanto, ocorre desmatamento das áreas de florestas secundárias. O município de Uruará apresenta ainda áreas grandes de florestas e taxa média de desmatamento. O sul do Pará, ao redor de Redenção, apresenta menos de 50% da região ainda cobertos por florestas e por taxa alta de desmatamento.

As cadeias produtivas da pecuária de corte e de leite na Amazônia Oriental

As cadeias produtivas agrícolas nas frentes pioneiras da Amazônia brasileira são geralmente pouco desenvolvidas por causa de vários fatores estruturais: isolamento dos produtores, dificuldades de transporte e de conservação dos produtos, falta de energia, dificuldade de acesso aos insumos etc. Entretanto, é evidente que tais cadeais influenciam as atividades agrícolas desenvolvidas nas propriedades rurais da região. A importância das cadeias bovinas nas frentes pioneiras da Amazônia brasileira motivou análise detalhada no trabalho de doutorado de Poccard-Chapuis (Poccard-Chapuis, 2003), sobre o qual é baseada essa seção. A cadeia produtiva de gado de corte e a cadeia produtiva de gado de leite serão analisadas separadamente.

A cadeia produtiva de gado de corte na Amazônia Oriental

Como mencionado na introdução, os primeiros bovinos foram introduzidos na Amazônia no século XVII, aproveitando as grandes áreas de pastagens nativas das várzeas. Nas margens e no estuário do rio Amazonas, fazendas extensivas de gado de corte foram instaladas para abastecer a demanda crescente da cidade de Belém. Geralmente, essas fazendas eram controladas por atores envolvidos também no comércio de vários produtos da floresta (castanha-do-pará, borracha e outros). Até a metade do século XX, esses atores expandiram e sua influência nas outras regiões da Amazônia, particularmente na região de cerrado do sul do Pará. Contudo, os búfalos foram introduzidos principalmente na região de Marajó. Entretanto, durante todos esses anos, a demanda de carne foi maior que a oferta na região.

Logo após o início dos grandes programas de desenvolvimento da região, nos anos 1960, os produtores locais aproveitaram os financiamentos públicos para construir o primeiro frigorífico de grande porte, dirigido por uma cooperativa de nome Socipe, próximo a Belém, além de uma rede de 62 açougues em Belém. Entretanto, isso não levou ao crescimento da oferta, que permaneceu localizada principalmente nas áreas de várzeas, onde os rios são o único meio de transporte dos animais.

Os grandes programas de colonização da Amazônia possibilitaram várias mudanças na organização da cadeia bovina. Primeiro, a demanda de carne aumentou rapidamente pelo crescente número de migrantes, não ficando exclusivamente nas grandes cidades como Belém e Manaus. Um mercado local importante desenvolveu-se no interior das frentes pioneiras. Segundo, a construção das estradas permite ligar as frentes pioneiras com as outras regiões do país. Nesse cenário, a implantação de pastagens depois da derrubada das florestas nas regiões de terra firme, apresenta vários vantagens comparativas em relação às pastagens nativas das várzeas e, também, em relação aos sistemas forrageiros das bacias de produção tradicionais mais secas do Nordeste: os recursos forrageiros são disponíveis o ano todo, em boa quantidade, permitindo ganhos significativos de produtividade. Os grandes centros consumidores do Nordeste foram assim rapidamente abastecidos pela produção bovina da Amazônia. Essa nova configuração da cadeia não substitui aquela antiga baseada na produção da várzea, ambas tendo papel complementar no abastecimento da demanda de carne.

Desde o início dos anos 1980, o crescimento da demanda de carne de Belém estimulou a implantação de dois novos matadouros de grande porte, um em Castanhal na Zona Bragantina, o outro em Paragominas. A ausência de tecnologia de transporte resfrigerado exigia que essas unidades de processamento fossem estabelecidas necessariamente próximas aos centros consumidores.

Progressivamente, as grandes cidades do Nordeste, do Norte e, com menor importância, do Sul do país tornaram-se os principais mercados da carne produzida na Amazônia Oriental. A partir do Plano Real de 1994, novas mudanças influenciaram novamente a cadeia bovina da Amazônia. Primeiro, ocorreu rápido crescimento dos supermercados no setor de distribuição e aumento progressivo do poder de compra da população. As exigências de qualidade dos produtos alimentares resultaram em uma legislação sanitária proibindo o comércio de carne não resfriada. Isso favoreceu os processos de concentração nas atividades de distribuição e de processamento da carne bovina, com o fechamento de vários matadouros de característica sanitária duvidosa. Segundo, a tecnologia de transporte resfrigerado foi desenvolvida, permitindo novas estratégias de localização dos frigoríficos próximos às bacias de produção (e não próximo da demanda). Isso permitiu redução significativa dos custos de transporte ao longo da cadeia. Por fim, o Estado do Pará estimulou o estabelecimento de frigoríficos por meio de incentivos fiscais. O resultado de todas essas mudanças foi o rápido crescimento de novas unidades industriais principalmente no sul do Pará, onde grandes frigoríficos se establecem, cada um com capacidade de abate em torno de 2.500 a 3.000 cabeças por mês (Figura 3).

Assim, a cadeia produtiva do gado de corte da Amazônia Oriental pode ser dividida em três subcadeias segundo o destino do produto final (Poccard-Chapuis, 2003); as subcadeias bovinas locais, para os mercados no interior das frentes pioneiras; as subcadeias regionais para os grandes centros urbanos do Norte (Macapá e Santarém) e as subcadeias de exportação, que abastecem a demanda fora da Amazônia e a demanda de Belém. Antes de analisar mais especificamente cada uma, é importante mencionar um componente importante do funcionamento da cadeia de gado de corte – a questão do transporte.

Uma característica importantíssima da cadeia de gado de corte é ligada à questão dos fluxos e do transporte do gado vivo. De fato, enquanto a dificuldade de comercialização é apontada como maior fator limitando a produção agrícola (e do leite), isso não ocorre na cadeia bovina de corte. Mais precisamente, o bezerro e o boi magro podem caminhar sozinhos com baixos custos. Entretanto, o comércio de boi gordo é mais caro: por isso, observa-se especialização das frentes pioneiras em função do acesso aos mercados de boi gordo. As regiões próximas dos grandes pontos de comercialização (como

Altamira) ou dos frigoríficos (como Redenção) especializam-se na atividade de engorda, enquanto as regiões mais isoladas (como Uruára) dedicam-se à atividade de cria. Além disso, existe flexibilidade da época de comercialização do gado vivo por não ser perecível, ou seja, se o produtor não encontra o comprador e preço aceitável, ele pode esperar sem necessariamente perder o valor do seu produto, pelo contrário. Isso vale para qualquer tipo de animal (bezerro, boi magro, boi gordo). Essa característica não existe nos produtos vegetais. A rede de comercialização dos vários produtos da pecuária de corte pode ser dividida em dois componentes principais: a) uma rede fina de pequenos comerciantes de gado vivo distribuída em todas as frentes pioneiras, próximo dos produtores e b) uma rede mais concentrada de comerciantes urbanos de grande porte, controlando fluxos de maior volume para os mercados consumidores mais distantes das frentes pioneiras (Poccard-Chapuis, 2003).

A rede fina de comerciantes de gado vivo desenvolve-se facilmente devido a algumas especificações da cadeia bovina de corte (Poccard-Chapuis, et al., 2001). Assim, o gado, ao contrário dos produtos agrícolas, passa por várias fases até chegar ao ponto de ser industrializado (cria/recria/engorda), a pecuária sendo um conjunto de atividades complementares realizadas por atores diferentes. Isso estimula a atuação de comerciantes nos diversos segmentos. Além disso, a comercialização de animais entre produtores pode responder a várias estratégias, como a seleção dos animais (venda dos animais de menor qualidade aos produtores que não fazem seleção), a descapitalização de uma parte do rebanho para realizar outro investimento etc. Enfim, até o Plano Real, a inflação estimulou um comportamento especulativo com a atuação de inúmeros comerciantes, sendo que o gado era um produto "refúgio".

Para a comercialização a distâncias maiores, caso dos mercados consumidores das capitais brasileiras, os custos de transporte só podem ser diminuídos pela economia de escala (Poccard-Chapuis, 2003).

Além disso, o tamanho dos fluxos de produtos e os prazos de pagamento proíbem a atuação de pequenos comerciantes. Isso estimula a outra rede de comerciantes com capacidade maior, que consegue absorver qualquer volume de produto para exportação aos vários mercados nacionais, assegurando, assim, as saídas para os pecuaristas. Essa rede desenvolveu-se inicialmente para o comércio de boi gordo, mas induziu a vários efeitos multiplicadores sobre os fluxos de produtos e de serviços ao longo da cadeia (comércio de bezerros de qualidade, transferência de tecnologia, informação, etc.). A atuação dessa rede contribui para a estabilidade dos preços aos produtores permitindo diversificar os mercados.

As subcadeias de exportação para os mercados consumidores distantes

Essas subcadeias desenvolveram-se principalmente na região sul do Pará, que desde o início da colonização objetivaram os mercados consumidores distantes. Entretanto, a sua expansão para outras regiões de colonização é rápida. A principal característica dessas subcadeias é a dependência de eventos externos ao contexto amazônico, sendo rede importante que conecta as dinâmicas das frentes pioneiras ao resto do país.

Essas subcadeias são sustentadas por uma demanda nacional de carne particularmente importante no Brasil, em torno de seis milhões de toneladas. Rio de Janeiro, São Paulo e a costa nordestina são os principais polos consumidores. A essas demandas externas, acrescenta-se a demanda do Norte, principalmente Belém, na Amazônia Oriental. Nesse contexto, se os mercados do Sudeste são facilmente supridos pelas bacias de produção vizinhas do Sul e do Centro-Sul (Figura 1), as bacias de produção bovina da Amazônia Oriental, do Tocantins e de Goiás estão mais próximas dos mercados do Nordeste e do Norte. A essa vantagem da proximidade, acrescenta-se outra ligada às exigências diferenciadas de qualidade entre os mercados do Nordeste e do Sudeste – os consumidores do Sudeste sendo mais exigentes (carne com menor teor de gordura, boi castrado e jovem) que os do Nordeste. Por isso, a demanda do Nordeste adequa-se mais à qualidade da carne dos sistemas de produção extensivos da Amazônia. A presença de febre aftosa proíbe a exportação dos produtos não desossados à zona livre da aftosa (o Sul) ou o acesso direto ao mercado internacional. Entretanto, a atual campanha de erradicação em todo o Estado do Pará vai provavelmente quebrar essa barreira a curto e médio prazo.

No segmento da distribuição, essas subcadeias são caracterizadas por forte competição entre os supermercados e os frigoríficos. De fato, os supermercados, avançando cada vez mais nesse setor, impõem regras que só alguns frigoríficos podem cumprir: longo prazo de pagamento, controle sanitário dos produtos e regularidade da oferta. Com o mercado completamente livre, isso leva, por um lado, a uma concentração horizontal dos frigoríficos (para ganhar poder de negociação), e, por outro, a uma concentração vertical, com a integração das atividades de processamento e de distribuição, a fim de não depender dos supermercados.

As exigências crescentes de controle sanitário e a nova legislação (proibição de comercialização de carne verde, não resfrigerada) levam a novos investimentos em câmaras frias, que só empresas de grande porte conseguem fazer. Alianças mercadológicas são também mais freqüentes com os supermercados. Com respeito à localização, esses frigoríficos podem estar próximos dos centros consumidores como Belém, caso dos frigoríficos mais antigos que conseguem se adaptar às novas exigências do mercado ou dentro das bacias de produção, caso dos novos frigoríficos instalados ao final dos anos de 1990.

Referente aos sistemas de produção, as fazendas especializadas em engorda são as principais fornecedoras de boi gordo. Essa especialização leva a uma demanda elevada de bezerros e boi magro. Existem três fontes principais desses animais: a agricultura familiar, ao redor das fazendas; as novas fazendas das frentes pioneiras recentes (São Félix do Xingu no sul do Pará) e as áreas de Cerrado (Tocantins, Goiás até o norte do Minas Gerais).

As subcadeias regionais de carne

Fora do caso de Belém que foi tratado anteriormente, os principais centros consumidores dessas subcadeias regionais na Amazônia Oriental são Santarém e Macapá. Os outros centros urbanos como Castanhal e Marabá, de mesma importancia em termo de população, fazem parte das subcadeias locais.

A oferta para essas duas cidades vem das regiões de várzea, baixo Amazonas e Marajó e da Transamazônica, conforme a época do ano. Assim, na época da chuva, quando o tráfego pela Transamazônica é quase impossível, 80% dos bois abatidos nos frigoríficos são das áreas de várzea e 20% da Transamazônica e, inversamente, na época seca. Além disso, existe também uma diferenciação dos produtos em termos de qualidade: os animais da terra firme são por várias razões de melhor qualidade (Poccard-Chapuis, 2003). Por isso, a carne de terra firme geralmente é vendida aos consumidores de melhor poder aquisitivo, enquanto a carne dos animais da várzea geralmente é comercializada nos mercados dos subúrbios das cidades.

No mercado consumidor, há vários sistemas de distribuição. Os supermercados ainda são poucos e direcionados para os consumidores mais privilegiados, vendendo a carne de melhor qualidade. A carne é principalmente distribuída pelos vários tipos de açougue. Os açougues centrais são direcionados para a classe média e trabalham com considerável volume de venda, com alto padrão de qualidade. Os açougues das periferias trabalham com pequenos volumes diários de venda, com carne de baixa qualidade, dispondo de equipamentos extremamente simples e a carne sendo destinada principalmente aos de menor poder aquisitivo.

A carne bovina de baixa qualidade correponde aos quartos dianteiros dos animais, enquanto a de alta qualidade, aos quartos traseiros. Entre a produção e a distribuição, os comerciantes atacadistas, que compram os animais inteiros, assumem a divisão dessas distintas peças entre os diferentes tipos de açougues.

Os matadouros são localizados nos centros urbanos e trabalham com baixo nível de tecnologia. Existe, principalmente em Santarém, um processo de modernização impulsionado pelas exigências de qualidade dos produtores, processo que começou há alguns anos em Belém. Contudo, em Macapá, os matadouros funcionam como prestadores de serviço, o que não favorece os processos de modernização da cadeia. Além desse setor formal de processamento da carne, existe, ainda, um setor informal extremamente importante, os matadouros clandestinos, que trabalharam até com os animais doentes, resultando em carne de péssima qualidade. Por isso, tentam escapar da fiscalização e dos controles sanitários. No segmento da produção, o boi gordo vem das fazendas extensivas da Transamazônica e da várzea.

As subcadeias locais de carne

Essas subcadeias são de tipo curto, os mercados são do mesmo município da produção: Uruará, Castanhal, Redenção, São Félix do Xingu. Nessas subcadeias, os animais abatidos são principalmente as vacas de descarte do sistema de cria da agricultura familiar. Dentre os agricultores e os matadouros locais, geralmente não existem intermediários. Os comerciantes são especializados na compra e na venda de animais magros e de reprodutores entre os produtores (Poccard-Chapuis, 2001).

Ao contrário das outras subcadeias, o abastecimento de consumo intermediário (minerais, remédios e vacinas, sementes, etc.) é deficiente, o que pode levar a vários problemas na cadeia. Por exemplo, uma análise da qualidade das sementes de pastagens em Uruará revelou a péssima qualidade em várias lojas agropecuárias, dificultando a implantação de pastagens mais produtivas.

Os matadouros são de empresários locais e as unidades de processamento são de pequeno e médio portes, dependendo do tamanho da cidade e da capacidade de financiamento.

Referente ao segmento da produção, existe grande variedade de produtores como mostra as várias tipologias da agricultura familiar nas regiões selecionadas (Ferreira, 2000; Ludovino, 2002). Nessas propriedades, a pecuária assume vários papéis além da geração de renda, especialmente poupança e reprodução do grupo familiar.

A baixa capacidade de investimento desses agricultores e a fraqueza da assitência técnica levam a vários tipos de dificuldades dos produtores na atividade de criação bovina (manejo de pastagens, doenças dos animais, etc.). O desenvolvimento de uma assistência técnica adaptada a esses tipos de produtores aparece como fator indispensável para a viabilidade da agricultura familiar nessas frentes pioneiras. Além das vacas de descarte, a pecuária da agricultura familiar dessas frentes fornece bezerros e leite.

A cadeia do leite na Amazônia Oriental

O desenvolvimento de uma cadeia organizada de leite na Amazônia é mais recente que no caso da cadeia de gado de corte, mesmo que nas propriedades familiares a produção de leite, principalmente para o consumo da família, seja uma atividade tradicional. Assim, desde o início dos anos 1990 vem se desenhando novo cenário em todo setor leiteiro brasileiro, ligado a um ambiente competitivo inteiramente novo, como descreve Jank et al. (1999). A estabilização da moeda, a abertura das importações, as mudanças no comportamento do consumidor e a nova legislação são alguns ingredientes de uma reestruturação profunda do setor, em escala nacional. Como conseqüência dessa dinâmica, forma-se nova geografia da cadeia produtiva, que leva à emergência de novas bacias de produção promissoras na região Centro-Oeste do país. Por sua vez, as indústrias também têm acompanhado essa tendência e se deslocado para as novas bacias, dando forte impulso à expansão da fronteira de produção. Assim, depois de ter conquistado Goiás, a "frente do leite" vem chegando às portas da Amazônia, como ilustra a instalação de laticínios de porte nacional e/ou internacional no sul do Pará e em Rondônia. No entanto, Tourrand et al. (1995) e Veiga et al. (1996) mostraram que, independentemente dessa dinâmica nacional, a produção de leite constitui uma alternativa larga e espontaneamente adotada nas frentes pioneiras, inclusive nas áreas mais remotas e desconectadas da cadeia nacional.

Uma atividade da agricultura familiar

Os resultados de vários diagnósticos na Amazônia Oriental (Ferreira, 1995; Tourrand et al., 1997) mostraram que a produção leiteira em área de fronteira agrícola é uma atividade típica da agricultura familiar, uma vez que 90% dos produtores usam a mão-de-obra familiar e menos de 10% têm empregados permanentes. A grande maioria das famílias mora nas propriedades. O tamanho das propriedades leiteiras é geralmente um ou dois lotes de colonização, cuja área varia, segundo a região, de 25 a 100 hectares. As propriedades são localizadas perto dos centros urbanos, pelo menos quando o produto comercializado é o leite *in natura*. Quase 50% dos produtores leiteiros têm experiência nessa atividade antes de migrarem para a fronteira agrícola amazônica.

O tamanho médio dos rebanhos é 24 vacas, confirmando o caráter familiar da atividade. A produtividade varia de 600 a 1.500 litros de leite ordenhado por lactação de seis a sete meses, dando produção diária de quatro a cinco litros em uma ordenha, quase sempre matinal. A pastagem, geralmente de capim-braquiarão (*Brachiaria brizantha*) ou quicuio (*Brachiaria humidicola*), é a base da alimentação das vacas leiteiras. Geralmente os produtores utilizam suplementação mineral relativamente adequada. Os rebanhos leiteiros não apresentam padrão genético bem definido. Dentre as raças que compõem o rebanho, destacam-se as taurinas, especialmente a holandêsa e a brown schwitz, e as zebuínas, geralmente a Gir.

O preço do leite varia entre U$ 0,10 e U$ 0,25 (venda direta ao consumidor), proporcionando faturamento médio variando de U$ 1.000 a 2.500 com produção média anual por propriedade de 18 mil a 20 mil litros, ou seja, um a dois salários-mínimos mensais. Constatou-se que a venda de bezerros proporciona renda equivalente ou superior à do leite, com a vantagem de ser relativamente concentrada no tempo, possibilitando investimentos na propriedade, enquanto que a renda do leite, mais pulverizada, é adequada para cobrir as despesas domésticas. Essa complementaridade justifica, por si só, a dupla aptidão da exploração (carne e leite).

O gargalho da comercialização

Apesar dessas características, a inserção ao mercado constitui o maior desafio para maioria dos produtores de leite na Amazônia. A rede de indústrias é ainda embrionária e, em muitos casos, o produtor não encontra comprador para a sua produção. Veiga et al. (1996) constataram que na década de 1990, no município de Uruará na Transamazônica, 60% dos produtores rurais tiravam leite das vacas e somente 10% vendiam leite ou queijo, mostrando que a metade dos colonos aproveita o leite unicamente para o consumo familiar. Quase todos os produtores que comercializavam leite *in natura*, moravam nas proximidades das cidades, onde o leite era vendido diariamente na porta do consumidor (leite no caneco). Os produtores localizados mais distantes das cidades só têm a opção de comercializar o queijo, semanalmente, em função das dificuldades de deslocamento. Nesse caso, a fabricação do queijo pode ser considerada como uma maneira de estocar o leite, com gasto adicional de mão-de-obra, uma vez que o preço por quilo de leite praticamente não se altera.

Surgimento dos primeiros laticínios

Mesmo que as condições de isolamento dificultem a coleta e o escoamento do leite, o processo de urbanização das fronteiras agrícolas nos anos 1980 levou à implantação dos primeiros laticínios ao redor dos médios e grandes centros urbanos. Observa-se que os proprietários desses empreendimentos geralmente são produtores de leite que perceberam o crescimento da demanda local, impulsionada pelo aumento da população e das atividades econômicas. Assim, esses pequenos empresários optaram em valorizar a sua produção e a dos vizinhos, implantando seus próprios laticínios. Todavia, a faixa de mercado ao alcance dessas empresas é bastante restrita, uma vez que o consumo de leite em pó na região é bem maior que o de leite *in natura*. Assim, a concorrência dos laticínios do Sudeste e do exterior pode ocorrer plenamente.

Nos anos 1990, o aumento do potencial de produção decorrente do programa FNO estimulou a instalação de laticínios pelo setor agroindustrial. Alguns sistemas originais de coleta de leite apareceram, como o uso dos carros de linha que entram todos os dias nas vicinais ou a terceirização do transporte do leite, como acontece em Redenção, por exemplo. Em virtude desse intenso dinamismo, o sistema bancário brasileiro começou a apoiar a construção de laticínios, como por exemplo no sul do Pará.

Ao contrário do colono que nem sempre tem essa oportunidade, o empreendedor do setor leiteiro escolhe cuidadosamente o local do seu investimento, em função das opções de captação de matéria prima, da conexão com mercados, da infra-estrutura, etc. Essas estratégias de implantação levam a uma nítida regionalização da cadeia produtiva. Se no elo da produção existe certa homoge-neidade espacial[4], na indústria, observam-se fortes contrastes que são indicadores das condições de mercado, de infra-estrutura de transporte e energia, entre outros fatores.

Em conseqüência, o dinamismo da produção leiteira na Amazônia passou a variar muito de uma região para outra, em função da configuração local da cadeia. Para simplificar, pode-se visualizar três grandes tipos de bacia leiteira que correspondem aos três contextos críticos desse trabalho.

Bacias de leiteiras conectadas aos maiores mercados consumidores do país: caso do sul do Pará.

Essa região beneficia-se da dinâmica nacional da cadeia, que vem favorecendo o crescimento de novas bacias de produção periféricas, desde que apresentem vantagens comparativas em relação às antigas. Na Amazônia, essas vantagens são reais e de ordem agroecológica (boa e estável produção forrageira ou favoráveis condições sanitárias) e socioeconômica (grande potencial de produção, em conseqüência de políticas de migração e de crédito implementadas pelos governos).

[4] Todavia, merecem ser destacados os sistemas de produção na várzea e na Bragantina, onde o ambiente e o modo de colonização apresentam marcante especificidade.

As grandes redes de laticínios (nacionais ou internacionais) têm mostrado interesse em se instalar nessas novas bacias, por causa da concorrência acirrada para captação da matéria-prima nas regiões de origem, principalmente no período de entre-safra. Uma vez que essas empresas detêm os maiores mercados consumidores, o aumento do faturamento esbarra principalmente na disponibilidade em matéria-prima. Assim, a forte concentração no elo industrial da cadeia leiteira nacional leva as empresas a conquistar novas bacias de produção.

Essa dinâmica aconteceu em Goiás e, após fase de forte concorrência, as empresas que sobreviveram chegaram a um consenso para delimitação da bacia de produção de cada um. No sul do Pará, este mecanismo encontra-se em fase inicial e o produtor temporariamente leva vantagem. Os novos laticínios podem aumentar o preço da matéria-prima até que os pequenos e mais antigos laticínios fechem as portas. Em seguida, há um período de extensão espacial dos recém-chegados, cujo o objetivo é instalar uma rede de indústrias para captar uma quantia de leite suficiente para não sobrar volume mínimo necessário para a abertura de uma nova planta concorrente, conforme a noção de economia de escala.

Assim, desenvolvem-se monopólios regionais, que estabelecidos, agirão possivelmente contra os interesses do produtor, da mesma forma que acontece em outras regiões. Por enquanto, a pressão espacial dos laticínios é tão grande que indústrias são abertas tanto ao redor dos centros de consumo[5] como também no meio das bacias de produção, até mesmo as menores e mais remotas. Como a dinâmica pioneira é muito grande nessas fronteiras, não há dúvida de que as novas aberturas na floresta poderão ser, daqui a poucos anos, importantes centros de produção leiteira, o que justifica o investimento dos empreendedores.

[5] Por ser relativamente pequeno, o consumo local não representa objetivo comercial para essas indústrias.

A abertura do laticínio permite ao colono tirar e comercializar o leite. E, ao aumentar gradualmente a sua produção, vai se tornando, pouco a pouco, um produtor realmente especializado. Essa evolução é obviamente apoiada pelos laticínios, que têm todo o interesse em melhorar a produtividade dos seus fornecedores, assim como sua fidelidade. Os carros de coleta passam a prestar diversos serviços ao produtor, rompendo o isolamento e a falta de capital de investimento, considerados como os maiores obstáculos para a viabilidade da produção familiar na Amazônia. O transporte de crianças e familiares para as cidades, a oferta de produtos veterinários e agrícolas em geral, o financiamento de gado melhorado e equipamentos para a propriedade são alguns exemplos de atuação dos laticínios nas áreas remotas das frentes pioneiras. Isso vem desencadeando uma série de processos que contribuem para a sustentabilidade da produção familiar (abertura e manutenção de estradas, escolas, rede elétrica, influência sobre as políticas locais, etc.). Resumindo, observa-se que a abertura dessas indústrias nas frentes pioneiras tem impacto altamente positivo sobre as estratégias dos produtores familiares, favorecendo, nitidamente, a fixação do homem no campo e a sustentabilidade do modelo familiar de produção leiteira. Por isso, verifica-se claramente que as referidas regiões estão se transformando em bacias leiteira de importância nacional. A longo prazo, pode-se repetir o exemplo de regiões mais antigas, onde os produtores familiares passaram a depender totalmente de indústrias em situação de monopólio, chegando a perder qualquer poder de mercado. Ou seja, uma prioridade nessas regiões seria formular políticas que favoreçam a permanência da agricultura familiar nesse ramo de atividade, mesmo com o crescimento da exigência de qualidade e de volume de produção. Vale lembrar que esse desafio não se aplica somente no caso da Amazônia, mas em todo o país.

Bacias leiteiras de regiões mais distantes: o caso de Uruará

Neste caso, a precariedade da infra-estrutura de comunicação impede a conexão com os mercados nacionais e os investidores do setor não são atraídos, deixando os atores locais com toda responsabilidade de organizar a cadeia produtiva. Pode-se citar o exemplo da Transamazônica e da região de Tucuruí. A abertura de laticínios – quando acontece – surge de iniciativas locais que enfrentam grandes dificuldades por não possuírem poder de investimento, facilidades de acesso a mercados e experiência empresarial. Conseqüentemente, os laticínios são de pequeno porte, no máximo 2 mil litros por dia, localizadas exclusivamente nos centros urbanos e abrangendo pequena quantidade de produtores, favorecidos pela proximidade e/ou facilidades de acesso.

No caso de Uruará, onde ainda não existe laticínio, os produtores sofrem da carência de rede industrial e o sistema de venda direta ao consumidor não lhes satisfaz, ocupando-lhes muito tempo e não oferecendo garantias seguras de venda. Além disso, a comercialização do leite é restrita aos produtores numa distância aceitável da cidade. Esse quadro estimula o surgimento de estruturas coletivas como associações ou cooperativas para montar laticínios, visando à captação de recursos externos (empréstimos, ONGs e outros). Todavia, a falta de experiência associativa dos produtores constitui obstáculo em muitos casos, justificando a atuação de projetos de desenvolvimento. Assim, houve vários debates, há algum tempo, na associação dos produtores de leite de Uruará, ilustrando a dificuldade da emergência dos laticínios nesse contexto. Finalmente, dois financiamentos foram aprovados em 2002, um pela associação dos leiteiros, outro por um ator privado, para establecer um laticínio na cidade.

Além dessas dificuldades organizacionais, permanece o gargalho do acesso ao mercado de consumo. Os mercados locais são pequenos, o consumo de produtos láteos *per capita* é baixo e, além do mais, a concorrência do leite em pó diminui as oportunidades comerciais. Para atingir mercados mais distantes, o tempo de transporte permite apenas a comercialização de queijo (do tipo mussarela e parmesão), uma vez que não existe transporte resfrigerado eficiente, seja rodoviário ou hidroviário. Nas prateleiras, esses produtos vão ter de enfrentar a concorrência dos laticínios do Sudeste, que têm a região Norte como válvula de escape quando os grandes mercados nacionais não oferecem bons preços. Isso acontece geralmente na época das chuvas na Amazônia (verão do Sudeste), acompanhado, também, por queda significativa do preço. Assim, o melhoramento das estradas permanece prioridade para viabilizar ao longo prazo, essa cadeia produtiva numa região como Uruará.

Bacias leiteiras de regiões distantes dos mercados nacionais, mais próximas das grandes cidades amazônicas: o caso da Zona Bragantina.

Nos mercados das grandes cidades como Belém, as mudanças no comportamento dos consumidores, decorrendo da estabilização da moeda e do crescimento dos supermercados no setor de distribuição, favorecem o surgimento de novos produtos derivados do leite, como queijos frescos, iogurtes, bebidas lácteas e manteiga, que encontram cada vez mais espaço nas prateleiras dos supermercados e das padarias. Os laticínios locais podem aproveitar esses nichos de mercado, valorizando a vantagem da proximidade em comparação a seus concorrentes do Sudeste, que não podem concorrer no mercado de produtos frescos por causa do frete. As indústrias beneficiam-se da infra-estrutura de apoio relativamente desenvolvida, além de transporte e de energia.

O ponto fraco nessas cadeias encontra-se no elo da produção. Paradoxalmente, os principais fatores, que favorecem a indústria, proximidade da cidade e infra-estrutura, têm impacto negativo na produção da matéria-prima. O custo da terra é mais alto, assim como da mão-de-obra e a produção familiar encontra-se menos presente, uma vez que grande parte das terras é ocupada por moradores da cidade, que possuem lotes como poupança, forma de especulação ou ainda como fonte de lazer, sítios, chácaras. Alguns produzem leite, mas apenas para cobrir as despesas de mão-de-obra do caseiro. Entretanto, as alternativas agrícolas são mais numerosas, como hortaliças, fruteiras e outras culturas perenes e, por essa razão, o leite torna-se menos atraente que em áreas de frentes pioneiras. Assim, não existe o mesmo potencial de produção de matéria-prima e nem as mesmas perspectivas para que ela se desenvolva. A rede de indústrias permanece de pequeno porte, sendo obrigada a pagar mais caro a matéria-prima para o produtor não mudar de ramo. Algumas indústrias optaram por trabalhar exclusivamente com leite em pó importado do Sudeste e/ou do exterior. Nesta configuração, a bacia leiteira é construída com mais dificuldade, sendo o seu papel no desenvolvimento local de menor importância.

O futuro: a exigência de qualidade

O Programa Nacional de Melhoria da Qualidade do Leite pretende instaurar, nos próximos anos, algumas exigências de qualidade e de mudanças no sistema de inspeção, indicando, desde já, uma futura seletividade dos mercados. Esse ponto ainda não atinge diretamente as cadeias leiteiras da Amazônia que se beneficiam de vias de comercialização para o Nordeste ou para as cidades locais, mercados pouco exigentes. Os atuais serviços de inspeção não têm as condições materiais para atuar eficientemente em todo território amazônico. Mas não há dúvida de que a sustentabilidade da pecuária leiteira na Amazônia, a médio prazo, passa por melhorias na qualidade da matéria-prima.

Diferenciação dos grupos críticos

Diversos critérios ou conjuntos de critérios são usados para diferenciar os atores no meio rural. O nível de produção sempre foi um dos critérios mais usados: pequeno produtor, médio produtor e grande produtor. Geralmente, relaciona-se o nível de produção com a área da propriedade. Assim, na Amazônia Oriental, o produtor é pequeno quando tem menos de dois a três lotes de colonização, grande a partir de 12 a 15 lotes e médio produtor entre esses limites. Entretanto, há certa flexibilidade desse critério, entre regiões. Na Transamazônica, por exemplo, o limite da pequena propriedade vai até cinco lotes de colonização, ou seja, 500 hectares, segundo a maioria das organizações profissionais. Na mesma região, a área da grande produção começa a partir de 10 a 12 lotes, ou seja, de mil a 1.200 hectares, enquanto que no sul do Pará começa ao redor de 2.500 a 3 mil hectares, aproximadamente a metade de uma unidade de titulação do fim dos anos 1960. Na Zona Bragantina, o produtor, que tem 500 hectares – 20 lotes de colonização de 25 hectares – é considerado como fazendeiro, mesmo se a área da propriedade é um terço ou um quinto das outras regiões. Além da diversidade regional em termos de tamanho da propriedade, a área não leva em consideração a renda do produtor oriunda das atividades desenvolvidas na propriedade. Assim, baseado em dados médios, uma renda mensal de R$ 500 poderá ser obtida com 150 hectares de pastagem para cria de gado e 60 hectares para produção leiteira, 25 hectares de culturas anuais, 5 hectares de cacau em terra roxa da Transamazônica e 1 hectare de horta intensiva perto de Belém. Assim, a grande variedade de renda para uma mesma área fundiária limita fortemente o uso do tamanho da propriedade como o único critério para essa diferenciação.

O tipo de mão-de-obra da propriedade é um outro critério bastante usado, tanto por organizações públicas e profissionais como pelos próprios atores. Identifica-se, classicamente, de um lado, a agricultura familiar, definida como exploração onde a base da mão-de-obra é constituída pela família do produtor e, de outro lado, a grande produção onde a mão-de-obra é empregada. Na escala municipal, o Sindicato Rural (SR) representa a grande produção e o Sindicato dos Trabalhadores Rurais (STR) representa a agricultura familiar. Comparando com o critério precedente, a agricultura familiar agruparia os pequenos produtores e os sem-terra, moradores e empregados agrícolas; a grande produção seria constituída dos médios e grandes produtores, empregadores de mão-de-obra assalariada. As duas únicas modalidades, agricultura familiar e grande produção, facilmente identificadas, explica a grande aplicação do critério tipo de mão-de-obra para diferenciar os dois grandes grupos de atores. Entretanto, usado sozinho, esse critério apresenta sérias limitações para a análise científica dos atores e dos seus sistemas de produção agrícola, especialmente pelo fato de representar apenas dois únicos estratos.

Incão (2000) melhorou o critério usando três estratos: a grande produção, a agricultura familiar de subsistência e a agricultura familiar comercial. A diferença entre a agricultura familiar de subsistência e a comercial está no destino principal da produção. Na agricultura de subsistência, a produção é destinada ao consumo familiar e o que sobra é vendido para cobrir a despesa. O capital da família é a mão-de-obra disponível. O destino da produção da agricultura familiar comercial é a venda, com uma parte da renda investida na propriedade. Neste caso, a mão-de-obra é só uma parte do capital que é constituído, na maior parte, pelos diversos fatores de produção. Com essas três modalidades, o critério tipo de mão-de-obra permite criar espaço na agricultura familiar para as pequenas empresas familiares usando mão-de-obra assalariada, além da mão-de-obra familiar investida na propriedade, como as hortas intensivas da Zona Bragantina, os cacauicultores da Transamazônica e alguns leiteiros em diversas regiões. Assim, o critério mão-de-obra melhorado por Incão (2000) é importante na sociologia e na economia, além de servir de base tipológica para as diversas formas de uso da terra.

Na segunda parte da década 1990, surgiram tipologias de uso da terra em propriedades agrícolas organizadas em critérios humanos e tecnológicos. Veiga et al. (1996) elaboraram uma tipologia dos produtores familiares de Uruará baseada na organização do uso da terra na propriedade e na estrutura do sistema de produção agrícola: culturas anuais, culturas perenes, pastagem, pecuária e criação de galinhas e porcos. Esses autores identificaram sete tipos de propriedades segundo as principais atividades agrícolas: cacau, pecuária, cacau e pimenta-do-reino, cacau e pecuária, culturas anuais, atividades agrícolas diversificadas, etc. Esse modelo de tipologia foi repetido em diversas regiões da Amazônia Oriental para elaborar diagnósticos regionais da situação agrária: Zona Bragantina (Billot, 1994), Ilha de Marajó (Ludovino, 1995), Transamazônica (Veiga et al.,1996), sul e sudeste do Pará (Ludovino et al., 1996) e baixo Amazonas (Pessôa et al., 1997).

Mais recentemente, Ferreira (2001) em Uruará e Ludovino (2002) na Zona Bragantina aplicaram novo modelo tipológico baseado tanto na estrutura como no funcionamento dos sistemas de produção. Esse novo modelo apresenta a grande vantagem de levar em conta a dinâmica e permitir, assim, uma visão da evolução das propriedades com o tempo. Entretanto, esse modelo é de uso relativamente complexo e não foi aplicado na grande produção.

Além das limitações das tipologias citadas, outro grande inconveniente é considerar apenas a produção agropecuária primária. Por isso, não entram os outros atores da cadeia, das áreas da agroindústria e comercialização e da assistência técnica, as instituições financiadores, etc. E, é óbvio que esses diferentes atores têm papéis relevantes e complementares aos dos produtores, especialmente na dinâmica da pecuária, tanto de leite como de carne, como foi indicado em várias pesquisas, especialmente nas três regiões estudadas (Poccard-Chapuis, 1997).

Além disso, a respeito das três decisões críticas, esses atores devem ter explicações próprias, possivelmente diferentes daquelas dos produtores, grandes e pequenos.

Assim, além da tipologia dos produtores, foi adotada uma classificação dos grupos críticos por grandes setores das cadeias, mantendo a diferença entre o sistema de fazenda e a agricultura familiar, na produção primária. Seis grupos críticos foram identificados: os pequenos produtores, os fazendeiros, os comerciantes, a agroindústria (matadouros, laticínios e outros), as associações e as instituições. A diferença entre fazendeiros e comerciantes foi, algumas vezes, difícil de se fazer no início da entrevista, já que alguns informantes desempenham as duas atividades. O mesmo problema foi encontrado entre as associações e as instituições, uma vez que alguns informantes fazem parte dos dois grupos. A situação foi geralmente mais clara ao fim da entrevista, o entrevistado adotando uma posição em um ou em outro grupo.

Oito tipos de produtores foram identificados: dois na grande produção e seis na agricultura familiar. A agroindústria não foi considerada como grupo crítico, visto que esses atores não são produtores *sensu stricto*, apesar de estarem diretamente envolvidos no processo de desmatamento, especialmente, devido à alta relevância dos fatores ligados ao mercado.

Produtores da grande produção

Dois grupos de atores foram identificados na grande produção: os pioneiros agropecuários e os fazendeiros investidores. Os dois têm representação nas três regiões estudadas, e possivelmente, em toda a Amazônia Oriental.

Pioneiros agropecuários

Na origem, os pioneiros agropecuários típicos são uma família de pioneiros – geralmente o pai e os filhos ou os irmãos, com forte tradição agropecuária – que chegou à Amazônia no início da colonização oficial, no fim dos anos 1960 e nos anos 1970, com pequeno capital que foi aplicado, muitas vezes, na exploração da madeira, algumas vezes na pecuária ou no garimpo. A renda da madeira é investida na pecuária de corte. Aproveitando a fraqueza da legislação fundiária em área de fronteira e a ausência de fiscalização na distribuição de terra (Ianni, 1978; Schmink e Wood, 1992), a família apropria-se de imensas áreas de floresta de onde é tirada a madeira, antes de implantar a pastagem. Até o fim da década de 1980, os financiamentos públicos, especialmente aqueles da Sudam e do Basa, apoiaram implantação de pastagem e a compra de gado, ou seja, para desenvolver a atividade pecuária. Ao longo dos anos, a família estrutura-se em grupo familiar investindo em fazendas e, eventualmente, em outros ramos do setor agropecuário, principalmente no comércio dos insumos agropecuários, de um lado, e na comercialização e no abate de gado, de outro. Segundo alguns informantes, a chave do sucesso dessas famílias é a combinação do início da colonização com a experiência agropecuária e a captação de recursos públicos. Há famílias pioneiras que controlam várias dezenas de milhares de hectares de terra com a igual quantidade de gado. Alguns detêm mais de centena de milhares de hectares.

Mediante uma política comercial agressiva, baseada em acordos formais e informais, os pioneiros agropecuários conseguiram substituir, em 10 a 15 anos, os pecuaristas tradicionais da Ilha de Marajó e do baixo Amazonas no mercado da carne das grandes cidades da Amazônia Oriental. Paralelamente, eles começaram exportar a carne da Amazônia para os grandes centros urbanos do Nordeste. Assim, em meados da década de 1990, há apenas 25 anos após o início da colonização, o setor pecuário ficou totalmente dominado por essas famílias pioneiras, do comércio de insumos até a comercialização da carne. A situação evoluiu rapidamente no fim dos anos 1990 com o lançamento do Plano Real (em 1994) e o crescimento das redes de supermercados no comércio da carne. Entretanto, apesar de alguns fracassos, esses pioneiros conseguiram se adaptar ao novo contexto, fazendo acordos comerciais com os supermercados e com as redes da distribuição de carne. Nota-se que os pioneiros mantêm relações comerciais com os grupos agropecuários do Centro-Oeste, do Sudeste e do Sul. Eles estabelecem também relações pessoais, oferecendo boas condições para novos migrantes daquelas regiões, geralmente filhos de fazendeiros, de preferência formados em agronomia, zootecnia e medicina veterinária, para se implantar na Amazônia.

Fazendeiros investidores

Esse grupo crítico é constituído principalmente de atores dos setores secundário e terciário, que aplicam recursos próprios em pecuária, comprando terras, implantando pastagem e introduzindo gado. Uma parte desses atores vem do setor primário, como é o caso dos pequenos produtores bem-sucedidos no comércio ou na política. Também é o caso dos diversos atores das cadeias agropecuárias (donos de lojas agropecuárias, compradores e transportadores de gado, etc.) e dos técnicos do setor público agrícola, estaduais e federais. Uma outra parte não tem vínculo com a pecuária, exceto o desejo de ser fazendeiro e/ou da oportunidade de aplicar recursos próprios na pecuária e captar financiamentos públicos. São médicos, advogados, engenheiros, industriais, donos de construtoras, políticos, comerciantes dos centros urbanos, etc. Assim, a pecuária pode ser considerada como uma atividade secundária, a fazenda sendo basicamente uma forma de investimento. Entretanto, apesar de serem criadas por razões principalmente econômicas, as respectivas fazendas são diferentes das grandes fazendas do início da colonização, destinadas a captar subsídios e incentivos fiscais como mencionado na primeira parte deste livro.

Uma diferença freqüente em relação ao grupo precedente é o tamanho médio da propriedade. Geralmente, esses proprietários têm apenas uma fazenda de algumas centenas a alguns milhares de hectares. São fazendas grandes, mas, poucas vezes, com mais de 10 mil hectares.

Agricultures familiares

Entre os *agricultores familiares,* foram identificados os seguintes subgrupos e tipos de atores: *diversificados* com os tipos *em pecuarização* e *integrando*; *especializados na pecuária* com os tipos *por falta de alternativa agrícola* e *leiteiros* e o grupo *sem gado ou com pouco gado* com os tipos *caboclo* e *em sobrevivência.*

Diversificados: em pecuarização e *integrando*

Os subgrupos *agricultores familiares, diversificado em pecuarização* e *integrando* encontram-se, principalmente, na Transamazônica. Quase todas as suas propriedades foram criadas por migrantes com tradição agrícola ou agropecuária vindo de outras regiões brasileiras. Segundo Veiga et al. (1997), no início da década de 1990, essas propriedades desenvolvem sistemas de produção bastante diversificados, aproveitando a boa fertilidade dos solos da região, especialmente a terra roxa, mas também a terra mista, para associar duas, três ou mais atividades agrícolas: culturas anuais (arroz, milho ou feijão), perenes (café, cacau, pimenta-do-reino, guaraná, cupuaçu, etc.), criação de pequeno porte (suínos, galinhas) e pecuária, geralmente de dupla finalidade, leite e corte. A propriedade compreende um ou dois lotes de colonização, às vezes, até cinco lotes, ou seja, uma com área média de 150 a 200 hectares. O tamanho da cultura perene vária entre 5 mil e 15 mil pés, dando renda bastante variável de acordo com o preço do mercado. Nula ou negativa nos anos de preço baixo, a renda pode chegar a R$ 2 a 3/pé nos anos de preço alto. Uma renda média de R$ 1/pé pode ser considerada como razoável. Os bezerros são vendidos ao desmame, gerando renda de aproximadamente R$ 120 a 150/vaca. O tamanho do rebanho varia de 30 a 80 cabeças, com base de 40% das vacas. As culturas anuais são geralmente consumidas na propriedade, assim como o leite e os pequenos animais, galinhas, porcos, etc. A base da mão-de-obra é constituída por membros da família. A con-tratação de temporários está limitada aos picos de trabalho, como o plantio e a colheita, no caso das culturas, e a limpeza de pastagem.

Nos últimos cinco ou dez anos, esses atores têm adotado estratégias privilegiando a atividade pecuária. E a principal diferença entre os dois tipos é a postura a respeito da pecuária. O tipo *em pecuarização* especializa-se na pecuária, abandonando progressivamente as outras atividades agrícolas. O tipo *integrando* privilegia a integração da pecuária no seu sistema de produção, reforçando assim o processo de diversificação.

Especializados na pecuária: leiteiros e por falta de alternativa

Ao contrário dos tipos *diversificados*, concentrados sobretudos na Transamazônica, os tipos *especializados na pecuária* encontram-se principalmente no sul do Pará e alguns na Zona Bragantina. Lembra-se que, naquelas duas regiões, a especialização da agricultura familiar na pecuária significa uma produção de leite em sistema de dupla finalidade, leite e corte. Todas as propriedades produzem bezerros vendidos ao desmame. O leite é consumido e comercializado, *in natura* ou em queijo, no caso dos *leiteiros*. Os produtos das culturas anuais são consumidos e vendidos quando sobram. Geralmente, a propriedade é relativamente pequena, um ou dois lotes de colonização, ou seja, menor que 50 hectares na Zona Bragantina e de 100 hectares no sul do Pará. Nessas propriedades, a família é constituída de um casal com filhos menores, podendo desenvolver outras atividades agrícolas, mas a venda do leite é considera a atividade principal que sustenta a propriedade.

No caso do tipo *leiteiros*, a propriedade típica tem entre 10 e 30 vacas, com um rebanho total de menos 50 a 60 cabeças, de acordo com a quantidade de pastagem, considerando-se uma carga animal de 0,5 a 1,2 cabeça por hectare. Dois terços das vacas leiteiras ficam em lactação com produção média de quatro a cinco litros por dia e a quantidade de leite produzida diariamente fica em torno 50 a 80 litros. O leite é vendido a R$ 0,20 a R$ 0,25 por litro e a renda leiteira bruta por mês está entre R$ 300 a R$ 600. A venda dos bezerros ao desmame dobra essa renda. O custo médio de produção pode ser avaliado de 15% a 20%. Assim, a renda leiteira da propriedade pode ser avaliada de R$ 500 a mil reais, ou seja, entre três e seis salários-mínimos. A base da mão-de-obra é familiar, geralmente composta por marido e mulher, acrescida de parentes morando e trabalhando na propriedade, especialmente os filhos maiores e os avós. Algumas propriedades empregam mão-de-obra temporária, especialmente para roçar a pastagem.

Sem gado: caboclo e em sobrevivência

O sistema caboclo encontra-se na Zona Bragantina, no caso do nosso estudo, e nas áreas de colonização antiga como no baixo Amazonas ou na Ilha de Marajó. A propriedade é constituída de um lote de colonização, ou seja, 25 hectares, pouca vez mais. A mão-de-obra é basicamente familiar. O sistema de produção é relativamente bem diversificado com culturas anuais na roça (milho, feijão, mandioca) para o consumo da família e para vender, fruticultura com diversas espécies nativas ou introduzidas (açaí, banana, manga, pupunha, laranja, etc.). Além disso, quase todas as famílias criam galinhas e suínos. A pesca e a caça têm papel importante na alimentação de algumas famílias. Ao lado dessas atividades tradicionais, os caboclos desenvolvem outras explorações como hortaliças, abacaxi, palmito, acerola, aproveitando os financiamentos disponíveis para esse tipo de produtos. Fora alguns produtores, a pecuária não é vista como atividade obrigatória para essas propriedades. No caso da Zona Bragantina, a proximidade e a facilidade de acesso ao centro consumidor de Belém estão favorecendo a produção agrícola, situação contrastante com as áreas de fronteira nova, como o sul do Pará e a Transamazônica.

Entram no tipo *em sobrevivência* pequenas propriedades com algumas culturas anuais para o consumo familiar, sem gado ou com pequeno rebanho que não ultrapassa cinco a dez cabeças e com mão-de-obra exclusivamente familiar. Analisando a história desses atores, anotam-se três tipos de trajetória de vida: *estável*, *subindo* e *descendo*, que se encontram nas três regiões.

O tipo de trajetória *subindo* encontra-se no sul do Pará ou na Transamazônica em área de fronteira nova. É a trajetória típica do migrante sem-terra, chegado na fronteira sem recurso para comprar terra e sem família instalada na região. Recém-chegado, ele não tem outra opção se não a de aceitar um emprego, geralmente em função da sua competência: vaqueiro numa fazenda, meeiro numa pequena propriedade para culturas perenes, braçal numa empresa madeireira, etc. Algumas vezes, ele mora no local de trabalho. Geralmente, ele muda de emprego após alguns anos, mas fica na mesma região. Ao longo dos anos, ele consegue acumular algum recurso para comprar um lote onde ele está morando atualmente.

A partir daí, ele é considerado como pequeno produtor, do tipo *em sobrevivência*. A família vive da sua roça. Muitas vezes, ela continua a vender a sua mão-de-obra para sobreviver. A sobrevivência é a palavra certa para caracterizar esse tipo de propriedade, para qual as condições de vida são apenas melhores daquelas dos sem-terra. Entretanto, o salto é grande entre o *status* anterior de sem-terra morando na terra dos outros, de um lado, e nova posição social de proprietário de um lote, mesmo pequeno, de outro.

Uma vez no grupo *em sobrevivência*, uma parte das famílias não consegue se manter nessa situação, preferindo vender o lote, regressando ao *status* anterior de sem-terra ou migrando para a cidade. Outras famílias conseguem manter a nova posição social. A venda de mão-de-obra permite adquirir algumas cabeças de gado. Poucas famílias continuam progredindo no processo de acumulação. Ou seja, uma vez adquirido o lote, a família mobiliza recursos para cercar pastagem e adquirir algumas cabeças de gado, geralmente pelo sistema de meia, bastante desenvolvido neste grupo de produtores. O sistema de meia funciona da seguinte maneira: a pastagem cercada é alugada para um proprietário de gado que necessita de pastagem; ao fim do ano, os bezerros nascidos são repartidos entre os dois contratantes. A entrada da primeira vaca na propriedade é considerada para esses produtores como novo passo, iniciando o caminho para virar fazendeiro. Na verdade, a grande maioria fica com um pequeno rebanho. Poucas famílias chegam ao passo seguinte, aquele dos grupos especializados na pecuária. E apenas alguns desses produtores, antigos migrantes sem-terra bem-sucedidos, viram donos de fazenda. Entretanto, os poucos sucessos mantêm o mito.

As trajetórias *descendo* encontram-se nas três regiões. Uma parte são propriedades cujo o ciclo de vida da família está na última fase. A propriedade permitiu ao casal criar os filhos. Hoje, aqueles filhos já se foram. O casal conseguiu tirar uma ou duas aposentadorias, equivalente a um ou dois salários-mínimos, que cobre a sua despesa. O rebanho é a poupança do casal. O número de bovinos é estável ou diminuindo. No futuro próximo, a propriedade será vendida a uma fazenda ou a um jovem casal, iniciando, assim, novo ciclo de vida.

As trajetórias *descendo* encontram-se também nos tipos *diversificado* e *especializado na pecuária* quando as propriedades entram e demoram em situação de crise até ultrapassar o limite irreversível. Segundo Ferreira (2001) e Ludovino (2002), quase sempre, a crise nasce de um problema na família, como, por exemplo, a doença do produtor ou da mulher que impede o trabalho no campo ou o divórcio do casal. Essa situação fragiliza o casal que não pode enfrentar os problemas técnicos e econômicos comuns a qualquer propriedade. Foi o caso, por exemplo, de algumas propriedades cacaueiras da Transamazônica na época da queda do preço do cacau. É o caso também das pequenas propriedades especializadas na pecuária quando aparece um problema técnico sério como a degradação rápida da pastagem por causa de superpastejo ou um surto violento de aftosa, de raiva ou de brucelose. A venda do gado torna-se o último recurso da família antes de vender a propriedade.

Por que o produtor opta por e desenvolve a pecuária?

Introdução

Por serem muitos, os fatores mencionados como relevantes para a decisão 1 foram agrupados em seis grandes temas: mercados e cadeias produtivas, microeconomia, sociocultural, políticas públicas, fatores de produção e técnica. Assim, podemos destacar os fatores que sempre foram relevantes para todos os tipos de informantes-chave, daqueles que aparecem com freqüência média até baixa (Tabela 7). Entretanto, isso não significa que, por exemplo, os fatores que aparecem com maior freqüência sejam os mais relevantes, para cada tipo de informante, grupo crítico e contexto, uma vez que não foi solicitada a cada informante uma hierarquização dos fatores. Isso significa que eles apenas entraram no processo de decisão, influindo em qualquer situação. Contudo, foram identificados quinze fatores relevantes, com freqüência menor de 50%, ou seja, menos da metade dos informantes ao citou na primeira decisão crítica. Lembre-se que uma freqüência menor de 50% não significa que um fator não seja relevante. Significa, simplesmente, que o fator não é considerado como relevante para a maior parte dos informantes. Mas ele pode ser muito importante para alguns informantes, como para um grupo ou subgrupo crítico determinado.

Tabela 7
Fatores relevantes da primeira decisão crítica e freqüências (70 entrevistas)

Grandes Temas	Fator	Impacto (freqüência, %)		
		+	0	-
Sociocultural	Tradição pecuária ou agropecuária	79	21	0
	Experiência na pecuária	77	23	0
	Desejo de ser fazendeiro, mito do fazendeiro	36	64	0
	Influência/pressão do grupo familiar	44	56	0
	Posição social	40	60	0
Fotores de produção	Pouca exigência e baixa qualidade da mão-de-obra	24	76	0
	Flexibilidade da pecuária	33	64	3
	Estratégia de especulação/concentração fundiária	33	64	3
	Baixo preço da terra	17	83	0
	Ocupação/garantia da posse da terra	26	74	0
Micro-economia	Retorno seguro e rápido, apesar de pequeno	96	3	1
	Boa poupança/liquidez	97	3	0
	Boa renda do leite	64	34	1
	Garantia para o banco	29	71	0
	Boa aplicação de recursos de outras fontes	27	73	0
Mercados e Cadeias produtivas	Mercado para os produtos da pecuária	96	3	1
	Potencial socioeconômico	84	16	0
	Falta de mercado para produtos agrícolas	46	54	0
Políticas Públicas	Financiamento para pecuária	64	32	4
	Falta de incentivos para a agricultura	47	53	0
	Falta de apoio técnico à agricultura	21	79	0
	Incentivos para a pecuária	19	81	0
Técnica	Boas condições agroecológicas	83	17	0
	Acesso à tecnologia pecuária	79	18	3
	Sistema técnico eficiente	79	17	4

Nota: A análise das freqüências da Tabela 1 mostra os seguintes grupos de fatores, segundo o valor da freqüência: freqüência máxima = F > 95%; forte freqüência = 94% > F > 75%; freqüência média alta = 74% > F > 60%; freqüência média = 59% > F > 40%; baixa freqüência = 39% > F.

Fonte: Os autores.

Fatores ligados a mercados e a cadeias produtivas

A existência de mercado para os produtos da pecuária, seja para carne ou para leite, é um fator que aparece em quase todas as entrevistas como determinante da decisão 1. O impacto do crescimento da demanda da carne, particularmente, no Nordeste e no Norte do Brasil, já é considerado forte na expansão da pecuária na Amazônia brasileira (Faminow, 1998; Poccard-Chapuis, 2001, 2003). Para ressaltar a relevância do fator "mercado", pode-se mencionar a reação de um líder dos fazendeiros do sul do Pará que achava totalmente improvável a queda do preço do boi, como normalmente acontece com os preços dos produtos agrícolas. E, caso isso acontecesse, ele previa que 90% do potencial produtivo da região desapareceria em pouco tempo. O caso do leite é um pouco diferente e será discutido mais amplamente ao longo deste livro. Na mesma linha, uma resposta encontrada com freqüência média é a falta de mercado para os produtos agrícolas, particularmente citada por quase todos os informantes da Transamazônica. Do ponto de vista dos autores, o colapso das culturas perenes na região deve-se, também, a problemas de comercialização de produtos agrícolas, tendo como conseqüência forte crescimento da pecuarização. Alguns produtores gostariam de investir na agricultura, na esperança que o mercado continue crescendo. Entretanto, a dificuldade de comercialização e a ameaça de doenças, como é o caso do cacau e da pimenta-do-reino, apresentam risco para o produtor.

O caso do leite ainda ressalta a importância da existência de uma cadeia de produção bem organizada, na decisão 1. Assim, vale a pena mencionar o caso de um informante que considera que a pecuária não dá retorno, não tem mercado para seus produtos, especialmente o leite, tornando nulo o fato de ser uma boa poupança. Na verdade, esse informante falou da comunidade onde ele mora na Zona Bragantina. Nessa comunidade, sem experiência na pecuária, com exceção de alguns produtores, a assistência técnica tentou fomentar uma produção leiteira. As vacas foram compradas com os recursos de financiamentos públicos obtidos pelas propriedades. Rapidamente, o laticínio responsável por comprar a produção interrompeu a coleta do leite na comunidade por causa do pequeno volume da produção e da distância para o laticínio. Os produtores não conseguiram se organizar para levar o leite até o laticínio, apesar de terem veículos disponíveis para transportar a produção de hortaliças até o mercado de Belém. Assim, segundo o informante, a grande maioria dos produtores da comunidade abandonou a pecuária leiteira que, segundo eles, não dá retorno por falta de mercado para comprar o leite produzido. A maioria vendeu o gado, alguns mantiveram as vacas, tirando o leite para consumo familiar e usando o gado como uma poupança. É interessante notar que o informante não tem esse ponto de vista, com respeito à sua própria propriedade, visto que é um dos poucos produtores da comunidade que têm gado e ganham dinheiro vendendo os bezerros. Segundo ele, o que o diferencia dos outros produtores da comunidade é a experiência na pecuária, uma vez que ele domina os aspectos técnicos e econômicos. Além disso, pode-se considerar que a excelente oportunidade de produzir e vender hortaliças no mercado de Belém foi fator limitante para o desenvolvimento da pecuária naquela comunidade, haja vista o pequeno tamanho das propriedades e a possibilidade de valorizar a mão-de-obra familiar na produção hortícola. No entanto, existindo laticínios no local e uma coleta regular do leite nas propriedades, a atividade leiteira está sendo uma atividade lucrativa principalmente para a agricultura familiar (Veiga et al., 2001).

Fatores microeconômicos

O fato de existir mercado para seus produtos, não significa necessariamente que a pecuária propicia renda elevada. Assim, o outro fator mencionado, com relevância em quase todas as entrevistas, é *retorno seguro e rápido apesar de ser pequeno.* Isso significa que a existência do mercado valoriza, sem quase nenhum risco, os produtos da pecuária. Além disso, esse fator confirma a idéia de que em qualquer lugar da fronteira agrícola e a qualquer hora, pode-se vender um bovino a um preço relacionado à bolsa de São Paulo. Associado às características próprias da pecuária, existe a vantagem do produtor não ter prejuízo, mesmo que ele não consiga vender imediatamente um animal (não perecibilidade do produto), o que explica a importância de um terceiro fator justificando a expansão da pecuária: a *boa poupança/liquidez*, também citado por quase todos os informantes.

A pecuária, como uma *boa aplicação de recursos de outras fontes*, foi mencionada principalmente pelos fazendeiros e pelo setor agroindustrial. Esse fator está diretamente relacionado ao retorno seguro e rápido, ou seja, à liquidez da pecuária, que foi citado como fator de maior freqüência. Por meio das entrevistas, pôde-se identificar alguns exemplos de atividades, cujo lucro pode ser aplicado na pecuária: exploração de madeira, agro-indústria (especialmente frigorífico), comércio de terra, diversos tipos de comércio e profissões liberais. Podemos interpretar que a maioria das atividades urbanas é fonte potencial de recursos para aplicação na pecuária.

A *boa renda do leite* foi um fator de alta freqüência na decisão 1. A posição dos informantes a respeito desse fator merece ser explicada. De um lado, os informantes da cadeia da carne, como fazendeiros, comerciantes de gado e responsáveis por frigoríficos não consideram relevante a renda do leite. De outro lado, os pequenos produtores, as instituições públicas, a sociedade civil e os laticínios consideram a renda do leite altamente relevante. Além disso, constata-se que não há nenhum efeito na região sobre esse fator. Isso confirma que o leite é basicamente uma prioridade da agricultura familiar nas três regiões estudadas. Entretanto, quando não existe coleta regular de leite na propriedade, essa atividade restringe-se aos produtores localizados às proximidades das cidades. Nota-se que dois informantes, que são pequenos fazendeiros, pensam que o leite podia ser uma boa oportunidade para eles. Como foi mencionado, a renda anual do leite é quase equivalente à renda da venda do bezerro, ou seja, duplica a renda total da pecuária nas pequenas propriedades (Veiga et al., 2000). Além disso, sendo diária, semanal ou mensal, a renda do leite cobre as despesas da família no dia-a-dia. A renda dos bezerros é então direcionada para a poupança.

O papel da pecuária como *garantia para o banco*, que foi mencionado por alguns grupos de informantes, é estreitamente ligado às questões de financiamentos e será tratado na seção "políticas públicas".

Fatores socioculturais

A *tradição pecuária ou agropecuária* e a *experiência na pecuária* apresentaram forte freqüência, ou seja, entre 75% a 85% dos informantes consideraram-nas relevantes, como indicado na Tabela 7.

A *tradição pecuária ou agropecuária* significa que a família do produtor tem certa experiência na criação de gado, o que implica não apenas o domínio de práticas agropecuárias, mas também a valorização de certo modelo cultural e social. Diferencia do "mito do fazendeiro" pelo fato de simplesmente reproduzir um modelo e um saber fazer, geralmente familiar, enquanto que o "mito do fazendeiro" se refere a uma posição na sociedade e a um amplo sucesso econômico, independente dos antecedentes familiares, que corresponde à crença de que o gado pode quebrar o ciclo da pobreza. Muitas vezes, o produtor, mesmo sem nenhuma experiência na pecuária, pode contar com o apoio da família para ajudar nessa atividade. Entende-se por experiência, um conjunto de práticas e valores inerentes à pecuária que pode ser adquirida na família como forma de herança, geralmente em famílias de fazendeiros, grandes e pequenos e/ou na educação recebida, como é o caso dos profissionais em agronomia, zootecnia ou medicina veterinária. Essa experiência pode também ser adquirida em um emprego em uma fazenda, por exemplo, como vaqueiro durante alguns anos, no caso de alguns pequenos produtores, antes de terem lote. De um lado, a tradição e a experiência na pecuária são consideradas como relevantes para os grupos críticos ligados à grande produção. Todos os fazendeiros entrevistados vêm de família com forte tradição pecuária ou agropecuária. Alguns fizeram curso de agronomia, zootecnia ou veterinária. A maioria incentiva os filhos nessas áreas. De outro lado, a falta de tradição e de experiência na pecuária é considerada como fator relevante para nao optar pela pecuária, segundo os pequenos produtores que não têm gado ou os seus informantes, assim como para as instituições financeiras. Já os informantes dos produtores, grandes e pequenos, concordam em mencionar a relevância da tradição e da experiência. Ao contrário, a grande maioria dos informantes institucionais, exceto os dos bancos e os da sociedade civil, não consideram esses fatores como relevantes, possivelmente pensando que a experiência pode ser adquirida facilmente na escala de uma geração. É interessante mencionar essas opiniões contraditórias entre grupos críticos do setor produtivo, de um lado, e do setor de apoio, de outro.

Os outros fatores ligados aos aspectos culturais aparecem com uma freqüência menor que 50%: o *desejo de ser fazendeiro/mito do fazendeiro*, a *influência/pressão do grupo familiar* e a *posição social* (Tabela 1). Entre os informantes que citaram esses fatores, uma parte considera um, dois ou três desses fatores como altamente relevante, outra parte atribui a eles relevância menor. O *desejo de ser fazendeiro* vale principalmente para os pequenos produtores que já entraram na pecuária, os comerciantes e os pequenos fazendeiros. Esse fator é citado também pelo setor de apoio à agricultura familiar. Poucas vezes, ele é citado claramente pelos pequenos produtores, mas ele ressalta de maneira explícita na análise das entrevistas. A *posição social* apresenta um comportamento parecido ao do fator precedente, apesar de ocorrer um pouco mais entre os fazendeiros em comparação com a agricultura familiar. A *influência/pressão do grupo familiar* é bastante presente no grupo dos fazendeiros. Como já mencionado, podemos dizer que quase todos os fazendeiros vêm de famílias com forte tradição pecuária. E a família geralmente está sempre presente nas decisões relacionadas à pecuária. Em contrapartida, o fazendeiro pode contar com a ajuda do grupo familiar quando necessária. A influência do grupo familiar está também presente na agricultura familiar e funciona com a mesma intensidade que no sistema de fazenda. Entretanto, não parece haver uma especificidade regional para esses três fatores. Ao início da pesquisa, não pensamos que esses fatores tivessem uma freqüência tão alta, sobretudo, relevância significativa parar alguns informantes de diversos grupos críticos.

Fatores técnicos

Três fatores ligados à técnica apresentam uma forte freqüência, ou seja, entre 75% e 85% dos informantes os consideram como relevantes, conforme indicado na Tabela 7: boas condições agroecológicas, acesso à tecnologia para pecuária e sistema técnico eficiente.

O contexto geral da região é considerado como grande vantagem comparativa da Amazônia sobre as outras regiões do Brasil. No âmbito agroecológico, os informantes mencionam especialmente a quantidade de chuva, a menor importância da seca e a ausência de baixas temperaturas – o que garante uma boa produção forrageira no ano inteiro. Essas características climáticas diferem daquelas de outros ecossistemas brasileiros como o cerrado, onde existem sérias limitações climáticas por alguns meses. Adicionalmente, devido à excelente disponibilidade de água ao longo do ano e a favorável topografia, existe uma abundante rede de bebedouros naturais (igarapés, rios, riachos), também uma boa caractéristica da região para a criação do gado. Em contrapartida, poucos produtores já perceberam o efeito negativo do clima tropical úmido – amplamente conhecido nos meios acadêmicos – que reduz a qualidade ou o valor nutritivo das plantas forrageiras, ao longo do seu crescimento, o que se reflete na produtividade animal.

Apesar de serem de baixa fertilidade, os solos da região podem sustentar uma razoável produção forrageira, permitindo manter o rebanho unicamente em regime de pasto, embora seja altamente necessária a suplementação mineral. E finalmente, observa-se uma razoável adaptação dos gados zebu e mestiço ao ambiente regional.

A respeito do fator *acesso à tecnologia para pecuária*, os informantes da grande produção mencionaram, ao longo das entrevistas, que não há dificuldade em se encontrar informações tecnológicas para a instalação e condução dos sistemas de produção. Para isso, são utilizadas as redes formais e informais de comunicação (revistas especializadas, programas rurais de TV, feiras agropecuárias, cursos e treinamento, consultoria técnica, etc.). De um modo geral, as informações tecnológicas para a pecuária são mais abundantes que para outros sistemas de uso da terra.

Algumas fazendas mais avançadas têm usado tecnologias de ponta, inclusive programas de computador para administração de fazenda e manejo de gado, mantendo, pela internet, contatos permanentes com empresas de assistência técnica, centros de pesquisa e mercados de regiões mais desenvolvidas. Isso evidencia o eficiente papel dos atuais meios de comunicação na diminuição do efeito negativo das grandes distâncias e do isolamento dos produtores da região.

Todavia, é lógico relacionar melhor acesso à tecnologia aos fatores *tradição pecuária ou agropecuária* e *experiência na pecuária* dos produtores, com freqüência em torno de 80%, uma vez que esses fatores podem ajudar tanto na busca como na assimilação das informações.

Os informantes que não mencionam positivamente os fatores *potencial socioeconômico* e *boas condições agroecológicas* da região são pequenos produtores que não têm gado, especialmente no sul do Pará ou que estão em situação de crise com a avançada degradação da pastagem, como é o caso da Zona Bragantina. Por isso, esses últimos produtores não notam o efeito dos fatores *acesso à tecnologia para pecuária* e *sistema técnico eficiente*, já que não tiveram acesso à tecnologia adequada e desconheciam a existência de um sistema técnico eficiente e adaptado ao ambiente regional. Comparando-se a situação destes pequenos produtores com a dos fazendeiros vizinhos, verifica-se a existência de canais diferenciados de informação conforme o grupo crítico, hipótese confirmada por dois informantes institucionais. Isso está relacionado a falhas na assistência técnica aos pequenos produtores, mencionadas por grande parte dos informantes, exceto os do município de Uruará, na região da Transamazônica, o que será discutido um pouco mais adiante.

Os informantes geralmente relacionavam o fator *sistema técnico eficiente* à eficácia do sistema braquiarão que engloba um conjunto de práticas de estabelecimento e manejo da pastagem utilizado pela maioria dos produtores de toda a região, baseado no capim-braquiarão (*Brachiaria brizantha, cv. marandu*). Isso vai ser tratado com mais detalhes na decisão 2.

Financiamentos públicos e assistência técnica

A influência das políticas públicas na decisão 1 encontrou-se principalmente nas repostas via financiamentos e incentivos setoriais de um lado e pela assistência técnica por outro.

A questão do financiamento é um assunto bastante controverso na Amazônia, em parte por causa dos incentivos e subsídios distribuídos no início da colonização agrícola e que tiveram impactos socioambientais negativos. Estamos tratando aqui dos financiamentos atuais. Segundo os informantes da grande produção, a existência de *financiamento para pecuária* seria fator altamente relevante. Efetivamente, constatamos que todos os fazendeiros têm financiamentos oficiais, da Sudam ou do Basa ou, eventualmente, de outros bancos. Quase todos confirmam a necessidade desses financiamentos para ampliar as suas atividades. Inclusive muitos apontam uma das vantagens da pecuária ao facilitar o acesso ao crédito, fornecendo garantias para o banco. Do lado do setor financeiro oficial, Sudam e Basa, os informantes mencionaram que o objetivo das agências públicas é de financiar o setor produtivo para desenvolver a região, especialmente a grande produção e mencionaram interesse de privilegiar a pecuária que dá lucro para os produtores e, assim, para os bancos, com risco mínimo para ambos. No sul do Pará e em Paragominas, os financiamentos atuais para a grande produção são basicamente para expandir a pecuária por meio da recuperação de pastagens degradadas e da implantação de sistema de manejo de pastagem mais intensivo, baseado em rotação e adubação de pastagem. Não foi possível verificar, no quadro dessa pesquisa, se o grande produtor usa esses créditos para o custeio da sua fazenda e aplica os recursos próprios (oriundos da fazenda ou de outra renda) em atividades não financiadas, como a compra de terras novas mais à frente da fronteira agrícola. Fora da pecuária, nota-se alguns financiamentos para a implantação de sistemas agroflorestais e para a cultura mecanizada de grãos (arroz, milho e soja).

Em Uruará, podemos considerar que o financiamento FNO do Basa foi o fator-chave para a opção e para o desenvolvimento da pecuária na agricultura familiar, na primeira metade dos anos 1990. Segundo todos os informantes, a única forma dos pequenos produtores tirarem um financiamento FNO era aprovar um projeto de pecuária leiteira, visto que o modelo de sistemas agroflorestais, inicialmente incentivado pelo FNO (consórcio pupunha – coco) não deu certo, mostrando grande falha no estabelecimento e na comercialização dos produtos. Alguns produtores dizem que a assistência técnica favoreceu bastante o processo, direcionando os pequenos produtores para projetos de pecuária. Por sua vez, a assistência técnica relata que foi direcionada a agir dessa forma. Além disso, nota-se que, hoje, a grande maioria dos pequenos produtores envolvidos com o FNO estão felizes e não reclamam. Essa situação foi confirmada nas associações de pequenos produtores, mas chegou-se a esse resultado após vários anos de renegociação das dívidas dessas associações com o Basa, uma vez que, para muitos produtores, a queda do preço do boi ocorreu logo após a compra do rebanho a preço alto, inviabilizando totalmente o reembolso das parcelas. Este efeito negativo do crédito valeu principalmente para o exercício de 1994, o mais importante em termos de número de projetos de crédito aprovados. Se a longo prazo e após múltiplas reivindicações, o FNO foi positivo para os pequenos produtores, sabemos que esse fundo enriqueceu principalmente os comerciantes de gado, que trouxeram rebanhos de outras regiões e negociaram com o banco em condições favoráveis, em detrimento dos interesses dos produtores (impossibilidade de selecionar o gado, pagamento direto banco/comerciante). Em Redenção, poucos informantes falam do financiamento FNO e, sobretudo, poucos produtores beneficiaram-se de um projeto FNO. Na verdade, é necessário ter o título da propriedade para aspirar a um financiamento FNO e, naquele município, a maioria dos pequenos produtores não tem título da terra que geralmente foi invadida, ou seja, ocupada ilegalmente. Nessa região, alguns produtores falaram do Procerra que quase tinha o mesmo papel que o FNO, entretanto, com menor freqüência. Fora disso, uma especificidade da Transamazônica seria as suas organizações de produtores, mais atuantes que no sul do Pará, exceto a região de Marabá, explicando, também, porque o assunto não é mencionado nos discursos.

Ainda relacionando o financiamento oficial à produção leiteira, chegamos a uma situação aparentemente contraditória. Em

Redenção, onde quase não havia projetos leiteiros financiados pelo FNO, nota-se real desenvolvimento da produção leiteira e a renda do leite sustenta a agricultura familiar. Em Uruará, onde havia muitos projetos leiteiros financiados pelo FNO, o desenvolvimento da produção leiteira parece limitado. Na verdade, analisando o que aconteceu nos outros municípios do sul do Pará e da Transamazônica, deve-se considerar Uruará como uma exceção, principalmente, pela falta de implantação de um laticínio por diversas razões. Na maioria dos outros municípios, assiste-se ao desenvolvimento da produção leiteira com implantação de laticínios, em grande parte financiados pelo Basa. Esses laticínios estão coletando o leite produzido pela agricultura familiar, comercializando uma parte no local, transformando a outra parte em queijos e outros produtos derivados que são comercializados no local e fora da região. Assim, deve-se considerar a contribuição do financiamento público no desenvolvimento da produção leiteira em área de fronteira mais significativa pelo financiamento aos laticínios que pelo financiamento às propriedades leiteiras. Assim, só a existência de um laticínio já estimula a produção leiteira da agricultura familiar. Em outras palavras, a atuação do crédito para estimular a produção de leite não pode se limitar à constituição do rebanho, mas também na organização da cadeia produtiva (beneficiamento, transporte).

Constata-se que a busca de financiamentos, especialmente públicos, é uma das atividades mais exercitadas nas regiões estudadas, tanto na grande produção como na agricultura familiar e no setor agroindustrial, mostrando o peso e a importância do poder público no desenvolvimento regional nas áreas de fronteira da Amazônia. A outra maneira de concluir seria que a viabilidade da pecuária na Amazônia é estreitamente ligada à captação de recursos federais. Entretanto, este argumento não deve ser generalizado, uma vez que, no caso dos pequenos produtores, não é a viabilidade de pecuária que depende dos recursos federais e sim a viabilidade da agricultura familiar, a pecuária aparecendo como uma solução após o colapso das produções agrícolas.

A *falta de incentivos para a agricultura* apareceu com freqüência média nas entrevistas. As reclamações sobre os incentivos para a área agrícola baseiam-se em duas constatações: a) devido aos gargalos técnicos e de comercialização, a produção vegetal constitui risco para o produtor e apenas o incentivo pode amenizar isso; b) a entrada dos grãos na região traria vantagens para o governo (fortalecimento de um setor agrícola competitivo em âmbito mundial, exportações). Conseqüentemente o país deveria participar do investimento por meio de incentivos, para garantir ao produtor uma renda/hectare similar a que se consegue no Mato Grosso.

A *falta de apoio técnico à agricultura* foi citada por apenas 21% dos informantes, nenhum da Transamazônica. Pode-se duvidar deste resultado, considerando que ninguém na Transamazônica contestou a assistência técnica. Possivelmente, essa atitude é resultado da relutância dos entrevistados em criticar os "colegas" dos entrevistadores. Essa indiferença pode significar, também, a pouca credibilidade desse serviço, extra-oficialmente bastante criticado pela maioria dos informantes que o consideram como incapaz de resolver os problemas da agricultura. Os informantes-chave da grande produção (fazendeiros, agroindústria) apontam mais freqüentemente o papel da assistência técnica para a agricultura. Assim, segundo esses atores, existem mercados e financiamentos para agricultura, mas os produtores, especialmente os pequenos, não os aproveitam em boa parte por causa da falha da assistência técnica.

No entanto, alguns programas conduzidos pelo Serviço de Aprendizagem Rural (Senar) têm sido importantes na formação e no treinamento de mão-de-obra de pequenos e médios produtores da Transamazônia e do sul do Pará, especialmente no que concerne aos segmentos da produção e do processamento do leite.

Acesso à terra e à mão-de-obra nas frentes pioneiras

No início da pesquisa acreditávamos que a pouca exigência e a baixa qualidade da mão-de-obra para a pecuária de corte e a flexibilidade da pecuária seriam mais citadas pelos informantes, favorecendo a expansão da pecuária. Além disso, quando esses fatores são citados, eles não são considerados como alta relevância. Uma grande diferença entre pecuária de corte e agricultura está na necessidade de mão-de-obra. Na pecuária de corte, uma pessoa pode manejar aproximadamente 500 hectares nas condições da Amazônia. A mesma área com agricultura, ou com pecuária leiteira, precisa de uma quantidade de mão-de-obra de cinco a dez vezes maior. Além disso, fora o manejo dos animais que necessita, no mínimo, da presença de uma pessoa treinada, a pecuária não requer mão-de-obra qualificada ou com elevada competência, ao contrário das culturas, especialmente as culturas perenes. A pouca mão-de-obra requerida pela pecuária foi poucas vezes mencionada pelos fazendeiros. Entretanto, geralmente eles consideram esse fator altamente positivo mesmo se eles não afirmam claramente. Para confirmar isso, informantes do setor institucional e da sociedade civil mencionaram a pouca mão-de-obra empregada pela pecuária de corte. A questão da mão-de-obra foi mencionada também na Transamazônica pelos pequenos agricultores, ou por seus informantes, que reclamaram, desta feita, da falta de mão-de-obra qualificada para trabalhar nas culturas perenes, especialmente no cacau.

Entende-se por flexibilidade da pecuária a capacidade dessa atividade de, geralmente, prescindir uma atenção permanente, de modo que pequenas falhas técnicas ou problemas climáticos não proporcionam perdas irreparáveis, podendo ser contornados com o tempo. Essa característica parece ser relevante quando a pecuária é uma atividade secundária ou paralela. É o caso dos empresários ou dos comerciantes que investem na pecuária, mas que não dispõem de tempo para gerir a propriedade. Assim, eles lançam mão de um gerente para administrar a fazenda e desenvolver as estratégias em função dos seus objetivos. É o caso também, do pequeno produtor, obrigado a mudar para a cidade por problemas de saúde ou para educar os filhos, que deseja continuar a gerir a propriedade, dispondo da presença permanente de um morador que executa as atividades básicas. Essa forma de gestão é mais difícil na agricultura. Outros informantes, especialmente em Uruará, consideram a pecuária como um componente do sistema de produção que permitiu manter o homem no campo e limitou o processo de concentração da terra nos anos 1990. A flexibilidade da pecuária parece ser fator relevante também no sul do Pará, já que permite a um cidadão das sedes dos municípios, no caso Redenção, aproveitar as invasões de fazendas por meio do seguinte procedimento: apossa-se de um lote de invasão, faz-se uma roça, planta-se capim e providencia-se a permanência de um morador na terra para permitir se continuar as atividades urbanas e não perder a qualidade de vida. Quando surge uma oportunidade, a terra é vendida. Isso explica alta rotatividade da posse dos lotes das terras invadidas.

A estratégia de especulação/concentração fundiária vale principalmente para os fazendeiros ou pelo menos para as pequenas propriedades que estão evoluindo para fazenda, pela compra de terra das propriedades vizinhas. No entanto, o baixo preço da terra foi citado exclusivamente na região do sul do Pará. Isso deve ser relacionado à proximidade de Goiás, onde o preço da terra é de três a cinco vezes maior, segundo os informantes, fazendo do mercado de terra do sul do Pará o mais dinâmico da Amazônia, especialmente devido as invasões e ao processo de concentração fundiária. O uso da pecuária como ocupação/garantia da posse da terra está estreitamente ligado às invasões de grandes fazendas, especialmente no sul do Pará. Todos os grandes fazendeiros sabem que o risco de invasão depende da disponibilidade de áreas de floresta, primária ou secundária, na fazenda.

Assim, derrubar a mata e implantar pastagem é uma prevenção eficaz contra uma invasão, logo garantir a posse da terra torna-se fator relevante para os grandes fazendeiros. A garantia para o banco, ou seja, o uso dos investimentos em pecuária como garantia de financiamentos bancários foi também citado pelos mesmos informantes.

Variações entre grupos críticos

Os fatores com mais de 80% de freqüência valem em qualquer região e também para quase todos os grupos críticos. Eles permitem responder positivamente à primeira hipótese: existem fatores relevantes em qualquer situação que expliquem o forte desenvolvimento da pecuária na escala do Pará? O acesso a um mercado que valoriza com segurança os produtos da pecuária, carne e leite, permitindo ao rebanho ser uma boa poupança, deve ser considerado como o motivo principal da decisão de optar e/ou expandir a pecuária nas propriedades, tanto na agricultura familiar como no sistema de fazenda. O potencial regional e o sistema técnico eficiente, adaptado às condições locais, são as duas outras pernas de cada boi na Amazônia.

Os outros fatores relevantes citados pelos informantes combinam-se de diversas maneiras de acordo com a região e com o grupo crítico.

A análise das trajetórias das famílias pertencendo ao grupo crítico pioneiros agropecuários mostra os diversos papéis da pecuária bovina em áreas de fronteiras nesse grupo: fonte de renda segura, especialmente nas épocas de inflação rápida; posição social; destino de aplicação de recursos da madeira e de atividades agrícolas e de outras, forma de adquirir, manter e concentrar terra, garantia para captação de financiamentos públicos e moeda de troca nas negociações políticas e comerciais. Nota-se que essas trajetórias estão se reproduzindo no tempo. Assim, muitas vezes, jovens da mesma família, filhos ou sobrinhos dos pioneiros, vão mais à frente na fronteira agrícola, aproveitando o capital e a experiência adquirida pela família. É o caso, por exemplo, das famílias originárias do sul do Pará ou da região de Marabá que se instalaram na região de São Félix do Xingu. É o caso também de algumas famílias do norte do Mato Grosso, entrando no Pará ao longo da estrada Cuibá/ Santarém. Paralelamente a esse processo ocorrendo nas fronteiras agrícolas novas, algumas famílias do sul do Pará e das regiões de Paragominas e Imperatriz estão implantando sistemas *silvipastoris* nas áreas abertas no início da colonização, redinamizando o setor madeireiro naquelas áreas já abertas, aproveitando financiamentos públicos e, também, valorizando sua dupla competência na madeira e na pecuária. Além disso, a implantação de sistemas *silvipastoris* permite melhorar a imagem ecológica de qualquer empreendimento.

No caso dos fazendeiros investidores, segundo grupo crítico da grande produção, mesmo nas fazendas formadas a partir da compra de pequenas propriedades, muito freqüente na Transamazônica, o peso dos fatores fundiários parece menor que no tipo precedente, grupo dos pioneiros agropecuários. Uma outra diferença é o menor envolvimento da família com a pecuária, especialmente dos filhos do dono, obrigando-o a contratar um gerente para a fazenda. Assim, a flexibilidade de administração da pecuária é considerada como fator altamente relevante. Ao contrário das propriedades dos pioneiros agropecuários cujas atividades geralmente iniciaram no início da colonização, as dos fazendeiros investidores ficam próximas dos centros urbanos das fronteiras.

No caso dos grupos agricultores familiares diversificados em pecuarização e agricultores familiares diversificados integrando, encontrados principalmente na Transamazônica, a razão principal da opção pela pecuária foi a combinação da fraqueza do mercado dos produtos agrícolas com o retorno seguro, embora pequeno, da cria de bezerros para as fazendas de recria e engorda, dos grupos críticos da grande produção. Paralelamente, o mercado seguro para produtos da pecuária, de um lado, e fraco para produtos agrícolas, de outro, justificaram a atitude da assistência técnica, orientando a pecuária sobre financiamentos públicos destinados à agricultura familiar, especialmente os créditos do FNO do fim dos anos 1980 e da década 1990. Nota-se que essa atitude da assistência técnica favoreceu a introdução e o desenvolvimento da pecuária nos sistemas diversificados da Transamazônica. A principal diferença entre esses dois grupos é a posição a respeito da pecuária. O grupo dos diversificados integrados entrou ou desenvolveu a pecuária basicamente por falta de alternativa agrícola viável, considerando essa atividade como um dos componentes do sistema de produção, igual às outras alternativas agrícolas. O grupo diversificados em pecuarização levou em consideração os fatores socioculturais da pecuária, como a posição social, a flexibilidade de administração e a possibilidade de capitalizar. Para confirmar, nota-se que pequena parte das propriedades do grupo diversificados em pecuarização está se tornando fazendas. Quase sempre, essas propriedades têm outra fonte de renda, geralmente comércio, salário ou atividade fora da propriedade, permitindo evolução progressiva para o grupo crítico fazendeiros investidores, da grande produção. De fato, sem outra fonte de renda além da pecuária, dificilmente as propriedades dos diversificados em pecuarização poderiam se tornar fazendas. Assim, após uma fase de pecuarização intensa, o pequeno produtor volta a diversificar o seu sistema em busca de sustentabilidade. Caso contrário, ele fica numa situação de vulnerabilidade que evolui rapidamente para o fracasso, culminando com a venda da propriedade e com a migração para a cidade.

Nos grupos de agricultores familiares especializados na pecuária/leiteiros e agricultores familiares especializados na pecuária por falta de alternativa, a opção pela pecuária foi motivada pela existência de mercado para o leite e pela experiência e tradição leiteira da família. A diferença entre estes dois grupos é a postura frente à especialização/diversificação do sistema de produção. Os leiteiros não pensam em desenvolver outras atividades na propriedade, pelo menos no âmbito da produção leiteira. No caso de obterem financiamento, eles pensam em ampliar o rebanho leiteiro e a pastagem para aumentar a produção. Eles parecem ser especializados por gosto na produção leiteira. Os especializados na pecuária por falta de alternativa, que são leiteiros, ressentem-se da falta de alternativas viáveis à produção leiteira, especialmente da falta de mercado para os produtos agrícolas. Assim, ao contrário do grupo precedente, a especialização no leite parece ser única saída.

O quinto e último grupo crítico da agricultura familiar é constituído de propriedades sem gado ou com pouco gado, não ultrapassando algumas cabeças. Em todos os subgrupos identificados, a razão principal da formação dum pequeno rebanho é a constituição de poupança e, eventualmente, de produção de leite para consumo familiar.

Por que o produtor adota um determinado tipo de manejo da pastagem?

Os fatores relevantes desta segunda decisão foram agrupados em três grandes temas: técnica (eficiência do sistema braquiarão), sociocultural (experiência do produtor) e microeconomia (estratégias de minimização dos custos de produção).

A eficiência do sistema braquiarão

Um dos principais argumentos relevantes da segunda decisão já foi mencionado para a primeira. É a eficiência e a adaptação da pastagem de capim-braquiarão (*Brachiaria brizantha*), estabelecida e manejada conforme pacote tecnológico chamado sistema braquiarão. Segundo a grande maioria dos informantes, são três as vantagens fundamentais dessa pastagem na região, todas ligadas à sua sustentabilidade: 1) manter o gado em boas condições para produzir; 2) competir com as plantas invasoras de pastagem, vulgarmente chamadas de "juquira" e 3) manter uma razoável produção forrageira no período seco do ano. Assim, 90% das sementes de forrageiras vendida nas lojas agropecuárias são de capim-braquiarão, algumas vezes sendo as únicas disponíveis. Para as terras mais úmidas, alguns produtores preferem *Brachiaria humidicola*, o capim quicuio-da-Amazônia. Esta forrageira foi muito importante no início da colonização. No entanto, por ser bastante susceptível ao inseto cigarrinha-da-pastagem (*Deois incompleta*), esse capim foi substituído, paulatinamente, pelo braquiarão na preferência dos produtores. O capim-braquiarinha (*Brachiaria decumbens*), outra espécie do gênero *Brachiaria*, também havia sido descartada pelos produtores da região por ser extremamente sensível àquele inseto. São utilizadas também outras espécies desse gênero especificamente aquelas adaptadas às áreas alagadas (como *Brachiaria mutica* e *Brachiaria radicans*). O capim-colonião (*Panicum maximum*) foi outro capim importante no início da colonização, sendo hoje pouco utilizado por ser exigente em manejo e não tolerar a baixa fertilidade dos solos da região. Atualmente, algumas variedades dessa espécie, como o capim-tobiatã, o tanzânia e o mombaça, têm mostrado-se promissoras para sistemas mais intensivos. Entretanto, apesar das espécies do gênero *Panicum* serem forrageiras excelentes do ponto de visto nutricional, os produtores preferem o braquiarão por ser menos exigente em nutrientes do solo e em manejo de pastejo, e ser mais competitivo com as plantas invasoras.

A outra base do sistema braquiarão é a eficiência do plantio por sementes, juntamente ou após o plantio das culturas anuais, geralmente arroz e milho (roça), depois da vegetação original ter sido derrubada e queimada. Após a colheita da roça, o capim plantado cobre inteiramente o solo e impede o crescimento da rebrota da mata e das invasoras. Entre oito e dez semanas depois, o gado já pode entrar no pasto para fazer o primeiro pisoteio (leve) da nova pastagem, que favorece a rebrota do capim e assim melhor cobertura do solo. Alguns meses depois, a pastagem está completamente estabelecida. Após esse período, esta pastagem apresenta grande flexibilidade de manejo, precisando apenas se evitar uma alta freqüência de fogo e o superpastejo. Nos primeiros anos, a carga média sem risco, está em torno de 1,2 unidade animal de 450 kg por hectare, ou seja, um sistema relativamente extensivo, mas bastante seguro. A experiência regional indica que, adotadas as recomendações básicas de manejo de pastejo e feita a reposição de nutriente ao solo, fósforo principalmente, as pastagens de braquiarão de 12 a 15 anos ainda não apresentam sinais de degradação. Outra particularidade do sistema braquiarão é a possibilidade de diminuição do uso do fogo como ferramenta de manejo de pastagem, que visa a eliminar a "juquira" e revigorar a rebrota. Como resultado, alguns produtores eliminaram o fogo; ou só o usam a cada quatro a cinco anos para ajudar na limpeza dos pastos.

O sistema braquiarão é usado para recuperação das áreas degradadas, especialmente as pastagens antigas de colonião ou quicuio-da-Amazônia. A preparação do solo e a operação de plantio podem ser mecanizadas, como nas grandes fazendas. Neste caso, para garantir o sucesso na implantação da nova pastagem, é recomendada uma correção da fertilidade do solo, que utiliza uma mistura de nutrientes minerais em que o fósforo é essencial.

Ao longo da pesquisa, foi constatada a importância da fase de estabelecimento da pastagem do sistema braquiarão (Veiga e Tourrand, 2001). Os produtores que relataram problemas com a pastagem de braquiarão geralmente cometeram alguma falha nessa fase, especialmente ao usarem sementes de baixa qualidade ou efetuarem o plantio com baixa densidade de semente. O insucesso no estabelecimento geralmente resulta em uma alta possibilidade degradação da pastagem no futuro. Fora os problemas de estabelecimento, outra importante causa da degradação da pastagem de braquiarão é o superpastejo e/ou a ausência de descanso apropriado.

O sucesso e as vantagens do capim-braquiarão – a ponto de ser considerado por alguns produtores como o salvador da pecuária, especialmente no sul do Pará – representam também alto risco devido ao monocultivo que pode provocar fracasso geral, se problemas fitossanitários surgirem nessa variedade de forrageira.

Além do sistema braquiarão manejado extensivamente, que ocupa mais de 90% das áreas de pastagem, alguns sistemas mais intensivos têm sido concebidos e divulgados, sintetizando os últimos avanços da pesquisa em melhoramento e em manejo de pastagem.

Estes novos sistemas baseiam-se em rotação de pastagem com tempo curto de descanso, com cargas animais pesadas, com reposição periódica de nutrientes do solo, eventualmente suplementação alimentar, assim como o uso de cercas elétricas para divisão dos pastos, etc. Por meio desses sistemas, os produtores do tipo fazendeiros visam a aumentar a produção animal por hectare de pastagem, quase sempre se beneficiando de linhas especiais de financiamento do Basa.

A experiência do produtor que facilita o acesso à tecnologia

Os fatores experiência na pecuária e o acesso à tecnologia pecuária foram considerados muito relevantes por quase 80% dos informantes. Entretanto, nota-se grande diversidade no conceito de experiência e no acesso à tecnologia. Alguns informantes referem-se à experiência da família, ou seja, à tradição pecuária, indicando que o produtor aprendeu ainda jovem algumas regras básicas da pecuária, especialmente aquelas de manejo da pastagem. Neste caso, tratam-se de regras de estabelecimento de pastagem, consideradas a primeira etapa do manejo de pastagem.

Em seguida, o produtor tem de obter informações para racionalizar o uso da pastagem pelo rebanho. Para isso, são necessárias informações para ajustar a carga animal ao potencial forrageiro da pastagem que depende de decisões sobre a freqüência de pastejo (período de descanso de cada pasto) que, por sua vez, é função do número de divisão da pastagem e do tempo de pastejo de cada pasto. Também são importantes as informações sobre as práticas de manutenção da pastagem, como controle das plantas invasoras e reposição periódica de nutrientes ao solo (adubação). A assimilação dessas regras já define um primeiro grupo de produtores.

Essa assimilação mostra certa capacidade dos produtores de avaliar rapidamente o potencial de um pacote tecnológico, de adaptá-lo, de testá-lo e de integrá-lo ao seu sistema de produção, com o menor risco possível. Nota-se que os produtores que aplicam adequadamente as regras básicas do manejo de pastagem, também, aplicam as regras básicas do manejo do rebanho. Outra característica desses produtores, grandes e pequenos, é a rigidez na aplicação das regras, não tentando reduzir os custos de produção, por exemplo baixando a qualidade ou a quantidade de sementes para formação da pastagem ou do sal mineral. Observa-se que os novos fazendeiros, que eram antes pequenos produtores, geralmente manejam suas pastagens adequadamente como se a competência na pecuária fosse fator discriminante dos produtores familiares, determinando quem consegue evoluir e crescer a ponto de se tornar um pequeno fazendeiro. Dessa forma, pode-se considerar que o conhecimento técnico é um fator positivo no processo de "fazendarização" da agricultura familiar.

Alguns produtores, especialmente fazendeiros, recebem apoio técnico direto de instituições públicas e de empresas privadas sobre manejo da pastagem. Outros têm – eles mesmos ou algum parente próximo – uma formação específica em agronomia, em zootecnia ou em medicina veterinária ou contratam gerente ou capataz treinado ou formado em ciências agrárias. Todos esses produtores têm acesso privilegiado à informação ou sabem onde encontrá-la. Apesar de não serem numerosos, esses produtores são bastante representados na amostra deste estudo, uma vez que, geralmente, são considerados bons informantes do setor pecuário de suas regiões.

Geralmente, produtores desse grupo estabelecem sistemas de produção mais intensivos que valorizam os últimos avanços da pesquisa em manejo da pastagem.

A minimização dos custos de produção

Ao lado desse grupo de produtores com experiência e conhecimento relevante, existem produtores que se consideram atualizados pelo fato de atuarem com relativo sucesso no setor, mas que não aplicam as regras básicas da pecuária por desconhecimento ou por ceticismo. Esses produtores, grandes e pequenos como no grupo precedente, podem ser considerados mais proprietários de gado que pecuaristas, uma vez que não têm suficiente conhecimento técnico sobre essa atividade. Eles não pertencem ao grupo dos fazendeiros tradicionais e sim ao dos comerciantes, dos profissionais liberais ou de produtores de cacau ou farinha, etc. Embora alguns vivam da pecuária, a grande maioria deles está investindo recursos de outras fontes. Esses produtores tendem a diminuir os investimentos ou gastos com a propriedade, por exemplo, reduzindo a qualidade dos insumos ou dando menos ênfase à qualidade do processo produtivo como um todo do que o grupo precedente. Desse modo, aplicam práticas de uso do solo não sustentáveis que podem levar, em curto a médio prazos, a processo de degradação da pastagem. Por falta de vivência com os problemas do campo propriamente dito, geralmente não percebem os primeiros sinais de degradação da pastagem quando ainda é possível reverter esse processo sem maiores investimentos. Assim, pode se dizer que o conhecimento técnico se constitui base da sustentabilidade da pecuária na Amazônia Oriental.

A situação é um pouco diferente com os produtores que entraram na pecuária há pouco tempo, que não têm nenhuma experiência na pecuária ou tiveram em outras regiões ou contextos, como é o caso da grande parte dos pequenos produtores. Esses produtores estão buscando a informação na vizinhança e nas lojas de produtos agropecuários. Geralmente, eles adotam a estratégia do grupo precedente de minimizar as despesas, visto que seu rebanho tem de gerar renda e não consumir os recursos da família. A adoção dessa estratégia foi induzida pelas características do financiamento FNO, exclusivamente previsto para comprar gado (matrizes e reprodutor), sem recursos para investimentos (por exemplo cercas, currais e cochos de sal) nem custeio (sal mineral, medicamentos, sementes de forrageira). Nota-se que em Uruará os informantes consideraram que o manejo da pastagem melhorou bastante nos últimos anos, fruto de um programa de apoio realizado naquele município, baseado em palestras, treinamentos e dias de campo, demostrando aos produtores a vantagem da otimização sobre a da minimização das despesas. Nas outras regiões, os informantes sempre mencionam a fraqueza da assistência técnica no setor pecuário, especialmente no manejo da pastagem.

Alimentação do rebanho em complemento às pastagens

O uso exclusivo da produção forrageira da propriedade não deve ser a única forma de alimentar o rebanho. Existem outras alternativas disponíveis que podem ajudar os produtores, tanto no manejo do rebanho como no uso dos recursos da propriedade. Além do mais, o uso estratégico dessas alternativas pode ajudar o manejo das pastagens a flexibilizar a oferta de forragem ao rebanho, permitindo o emprego de práticas de pastejo mais conservadoras. Um exemplo é a suplementação do gado com subprodutos da agroindústria local, como resíduo de cervejaria e da industrialização de frutas, da mandioca, dendê, etc., apesar da disponibilidade desses materiais não ser garantida durante o ano.

Outras formas de suplementar o gado em regime de pasto são o cultivo e o manejo de gramíneas de corte (capineiras), mais frequentes em sistemas leiteiros especializados e o pastejo complementar de bancos de proteína, constituídos de áreas restritas de leguminosas forrageiras cultivadas. Significante também é o aluguel de pastos de produtores vizinhos, muito comum em propriedades com deficiência de pastagem ou que passaram por uma série crise como um fogo acidental.

Para os informantes dos elos dos laticínios e da assistência técnica, no futuro, o desenvolvimento de práticas de suplementação da pastagem deverá ser sustentáculo da produção leiteira na agricultura familiar na Amazônia. Essas alternativas, especialmente as capineiras e os bancos de proteína, permitem aumentar a produtividade leiteira e, ao mesmo tempo, diminuir a carga animal sobre a pastagem, diminuindo os riscos de degradação, principalmente em pequenas propriedades. Entretanto, o uso dessas práticas faz parte do processo de intensificação, que é incompatível com a estratégia de minimizar os custos e os riscos. Alguns desses sistemas de alimentação, como a capineira, necessitam de investimento em mão-de-obra e razoável conhecimento técnico.

Variações entre grupos críticos

De maneira geral e do ponto de vista tecnológico, a situação do manejo da pastagem no grupo pioneiros agropecuários é bastante diversificada. Por exemplo, uma mesma família pode ter uma fazenda com pastagem "enjuquirada", uma outra fazenda com pastagem de braquiarão de boa qualidade consorciada com legumimosas e uma fazenda com sistema rotativo intensivo. Às vezes, podemos encontrar até as três situações na mesma fazenda. Na verdade, o tipo de manejo é função do objetivo de produção de cada fazenda. Nota-se situação similar no manejo do rebanho. Por exemplo, em uma parte do rebanho da fazenda ou da família são aplicadas tecnologias avançadas de melhoramento genético e de cruzamento industrial, usando inseminação artificial e transferência de embriões, ficando o restante do rebanho em sistema de monta natural com pouco controle. Apesar dessa diversidade de práticas, o certo é que, geralmente, o grupo dos pioneiros é competente em manejo da pastagem e do rebanho ou, pelo menos, sabe onde adquirir essa competência. A aplicação da tecnologia resulta da estratégia adotada no âmbito da fazenda e da família, considerando-se que essa estratégia é elaborada em função de algumas variáveis, como a necessidade de pastagem para o atual e futuro tamanho do rebanho e os recursos disponíveis para recuperar a pastagem, inclusive os financiamentos, etc.

Nota-se que, fora alguns casos particulares, o nível tecnológico aplicado pelos fazendeiros investidores é menor que no grupo dos pioneiros agropecuários. O manejo da pastagem geralmente adotado resume-se ao "pacote do sistema braquiarão" na forma extensiva com carga relativamente baixa, em torno de 0,5 a 1,0 unidade animal de 450 kg por hectare, poucas vezes com rotação de pastagem, sem adubação ou reposição de nutrientes e com controle manual da "juquira", usando o fogo quando preciso. Na maioria das vezes, a degradação resulta de longos períodos de superpastejo. O método de recuperação adotado é o de deixar crescer a "juquira", depois derrubá-la, queimá-la, fazer a roça e, em associação, plantar o braquiarão. Ao lado dessa situação, encontram-se algumas fazendas adotando sistemas avançados de manejo da pastagem e do rebanho, como alguns tipos do grupo pioneiros agropecuários. Outra particularidade desses tipos é o interesse pela cultura mecanizada de grãos (soja, arroz e milho) e pelas culturas perenes (dendê, palmitos, café, etc.) por várias razões: a) alguns produtores por serem inovadores e interessados em prestígio; b) outros por estarem em busca da diversificação de atividades e da melhoria da renda e c) outros unicamente para justificar os financiamentos recebidos.

Do ponto de vista do manejo da pastagem, os grupos diversificados em pecuarização e diversificados integrando adotam o "pacote braquiarão" na sua forma extensiva, ou seja, sem adubação, com controle manual da "juquira", usando o fogo de cada dois a quatro anos e com pouca divisão de pastagem. Nota-se uma pressão de pastejo geralmente mais alta no grupo em pecuarização, confirmando uma tendência de produzir mais por unidade de pastagem.

Nos grupos especializados na pecuária/leiteiros e especializados na pecuária por falta de alternativa existe uma diferença significativa entre a Zona Bragantina e as regiões de fronteira mais nova, a respeito da alimentação do rebanho leiteiro e do manejo da pastagem. No sul do Pará e na Transamazônica, o "pacote braquiarão" é adotado pelos dois grupos especializados na pecuária. As lojas agropecuárias de Redenção, por exemplo, quase não vendem sementes de outras espécies de capim para a agricultura familiar. A base da alimentação das vacas leiteiras é a pastagem. As outras fontes alimentares como capineiras, bancos de proteína e subprodutos agrícolas quase não existem. Entretanto, o uso de outras fontes deverá aumentar nos próximos anos, considerando os resultados interessantes obtidos pela pesquisa, de um lado, e a demanda dos laticínios, de outro lado.

Já na Zona Bragantina, predominam as pastagens do capim quicuio-da-Amazônia, a maioria delas superpastejadas, a julgar pela baixa altura do *stand* e a cobertura do solo, o que indica dificuldades para alimentar satisfatoriamente as vacas leiteiras. Paralelamente, há uma disponibilidade de subprodutos da agroindústria. Assim, a alimentação das vacas leiteiras é complementada com forragem picada oriunda de capineira e subprodutos. Analisando as duas situações contrastantes, pode-se admitir, como avanço significativo no uso racional dos recursos, a utilização das fontes alimentares alternativas, especialmente as capineiras e os bancos de proteína, nas regiões de fronteira nova e o melhoramento do manejo da pastagem nas regiões de colonização antiga.

O manejo adotado varia em função dos subgrupos dos sem gado. Por exemplo, os sem gado em trajetória ascendente apresentam características similares àquelas dos grupos especializados para os quais estão evoluindo. Os sem gado em trajetória descendente apresentam geralmente pastagem muito degradada por falta de manejo. O subgrupo dos *caboclos* adota manejo de pastagem simples, com um ou dois piquetes para o rebanho. Foi mais difícil encontrar repostas precisas a respeito do manejo de pastagem nesse grupo crítico sem gado, uma vez que a estratégia pecuária não é bem definida na propriedade, fora da função de poupança.

POR QUE O PRODUTOR DERRUBA NOVAS ÁREAS DE FLORESTAS E QUAL É A SUA POSIÇÃO A RESPEITO DO DESMATAMENTO DA PROPRIEDADE E DA REGIÃO?

Vale ressaltar que os três contextos críticos são particularmente diferenciados a respeito dos recursos florestais remanescentes. Assim, na Zona Bragantina quase não existe floresta primária. Os informantes consideram que o desmatamento não é problema dessa região de fronteira antiga, onde todas as terras de interesse agrícola já foram utilizadas, mesmo se grandes áreas (40% a 50%, segundo dados de sensoriamento-remoto) estão cobertas por florestas secundárias. A Transamazônica é a região em que a floresta primária ocupa grande área (70% do município de Uruará) e em que a agricultura familiar é responsável por parte significativa do desmatamento. Por sua vez, as reservas florestais no sul do Pará já foram bastante desmatadas, sendo o desmatamento ligado à expansão da pecuária de grande porte.

Os fatores relevantes da terceira decisão foram agrupados em quatro grandes tópicos: a seqüência produção agrícola tradicional – pastagem/pecuária; a agregação de valor às propriedades pelo desmatamento; os conflitos sociais e a baixa credibilidade da lei ambiental.

A seqüência da produção agrícola tradicional – pastagem/ pecuária

O sistema tradicional da agricultura familiar na fronteira agrícola é integrado à pecuária, levando ao desmatamento. O início do processo dá-se com as famílias procurando terra para sobreviver. Identificada essa terra, as famílias fazem roça derrubando e queimando área de mata primária ou secundária para atender as suas necessidades alimentares. Ao mesmo tempo ou logo depois, é plantada a pastagem que, depois de ser estabelecida, recebe o gado que constitui poupança. O processo repete-se no ano seguinte e assim por diante. Alguns anos depois, os filhos vão iniciar o mesmo processo na fronteira agrícola, salvo se eles encontrarem outra atividade fora da propriedade. Durante esse tempo, os outros migrantes que chegam seguem um processo similar favorecendo o avanço da fronteira. Quando a reserva florestal acaba, como ocorre muitas vezes no caso do sul do Pará, é comum encontrar pequenos produtores à procura de nova terra em novo assentamento para plantar sua roça. Isso porque esses produtores têm certa relutância em depender do mercado para a alimentação da família. Por outra parte, a baixa fertilidade dos solos e a competição com as plantas daninhas impedem a exploração agrícola continuada por mais de dois anos em uma mesma área, sem tecnologia com alto uso de insumo externo.

Fora do caso da Zona Bragantina, a implantação da pastagem impede o funcionamento do sistema de corte-e-queima predominante, baseado no cultivo da área por um ou dois anos e pousio de vários anos para o crescimento da capoeira. A introdução de culturas perenes no sistema, como caso da Transamazônica, parece funcionar como freio ao desmatamento, uma vez que a mão-de-obra disponível fica ocupada nessas culturas alternativas à seqüência roça/pastagem. Entretanto, a variação do preço das culturas perenes e, paralelamente, a estabilidade do preço da carne levam os pequenos agricultores ao caminho da pecuarização, deixando progressivamente as outras atividades agrícolas. Além disso, observa-se que a pecuarização pode se tornar a primeira etapa de um processo de concentração fundiária original, visto que não envolve necessariamente grandes proprietários.

Isso significa que, na ausência de políticas agrícolas voltadas a sistemas de produção menos exigentes em terra e mais intensivos em outros fatores de produção (mão-de-obra em particular), o processo de pecuarização na agricultura familiar e o conseqüente desmatamento provavelmente têm pouca chance de serem revertidos. Uma outra maneira de quebrar essa tendência seria desenvolver sistemas de produção cuja a renda, da pastagem ou da cultura, seja mais vantajosa que a derruba da floresta. Isso significa que a reconstituição da fertilidade de uma área aberta seja mais vantajosa que a derruba de uma área equivalente de floresta. Algumas alternativas existem, outras estão em fase de elaboração, especialmente aquelas baseadas em adubo verde. Entretanto, até hoje, não foi possível criar condições em que essas tecnologias apresentem real vantagem em relação ao sistema tradicional e parecem não ser conhecidas dos produtores.

A agregação de valor à terra pelo desmatamento

A grande biodiversidade dos ecossistemas amazônicos e o papel da floresta no equilíbrio climático do planeta estão no centro da preocupação da comunidade internacional a respeito da Amazônia. Segundo os nossos informantes, essa não é a maior preocupação da grande maioria dos moradores da fronteira agrícola, mesmo se alguns informantes do sul do Pará dizem ter notado, em trinta anos, uma diminuição sensível do período chuvoso, com a estação seca passando de três a quatro meses para cinco a sete meses, prejudicando a produtividade da pastagem e da agricultura de um modo geral.

Para a grande maioria dos povos amazônicos (exceto os índios), a floresta é, antes de tudo, uma riqueza que deve ser aproveitada. Após a exploração da madeira, os produtores, grandes e pequenos, estão aproveitando a fertilidade agrícola das cinzas, resultado da queima da vegetação. Para eles, a floresta é uma reserva de fertilidade que pode ser usada quando for preciso pelo sistema de corte-e-queima. Fora dos informantes institucionais, pouquíssimos entrevistados falaram do manejo e da valorização dos recursos naturais, como se os diversos discursos sobre esse assunto não valessem para o setor produtivo. Como recurso natural, o único interesse na reserva florestal das propriedades prende-se à exploração da madeira, tanto para venda como para a construção dos imóveis rurais.

Os produtores derrubam segmentos adicionais de floresta para ampliar a pastagem e, conseqüentemente, a quantidade de gado e, assim, aumentar o valor total da propriedade. Nessas regiões, um hectare de pastagem vale entre duas e três vezes mais que um hectare de floresta, o que significa que existe um processo de acumulação passando pela derrubada da mata e termina na implantação da pastagem.

Os conflitos sociais

Como já foi mencionado, alguns fazendeiros do sul do Pará consideram como uma das razões para o desmatamento o risco de invasão das áreas de mata de sua propriedade. Um exemplo, particularmente, foi o de um fazendeiro do sul do Pará que derrubou uma faixa de mata em torno da sua propriedade, deixando a reserva florestal no interior da propriedade para diminuir o risco de invasão. Na Zona Bragantina, dois informantes da agroindústria acharam lógico e razoável derrubar a floresta secundária por causa do risco de invasão. A ameaça de invasão de terras na periferia da região metropolitana de Belém incentiva os proprietários de áreas não produtivas a loteá-las e vendê-las.

Processo similar ocorre em outros centros urbanos, como em Marabá, no sudeste do Pará, e em Castanhal, na Zona Bragantina. Entretanto, vale a pena ressaltar que o processo de invasão de terra, especialmente no sul do Pará, é muito mais complexo que a simples ocupação da terra. Esse processo envolve toda uma cadeia de interesse incorporando madeireiros querendo explorar madeira da terra invadida, grandes e pequenos produtores querendo ampliar suas terras a prazo, sem-terra, especialmente urbanos aproveitando terras baratas para fazer um bom investimento valorizado de dois a três anos depois, instituições locais e bancos, etc., incluindo até o proprietário que pode ter algum interesse a ser invadido.

A baixa credibilidade da lei ambiental

Um recente trabalho realizado no município de Redenção mostra, de um lado, a importância do desrespeito à legislação ambiental e, de outro lado, a distância entre a lei e a realidade dos atores locais. Assim, os informantes das agências de desenvolvimento, Sudam e Basa, que são os mais importantes financiadores dos projetos agropecuários, reconhecem não ter a competência e a vontade política para fiscalizar os projetos financiados, o que ilustra certa relutância do poder público na aplicação da lei. Em qualquer lugar da fronteira amazônica, os atores não respeitam a legislação ambiental, em todo o sentido. Verificamos, durante a nossa pesquisa, que poucas ações de fiscalização realizadas com bastante propaganda têm algum impacto em nível local. Entretanto, pouco tempo depois, a situação anterior volta a perdurar.

Podemos inferir das entrevistas que a desobediência à legislação é a base da lógica de muitos informantes nas três decisões críticas, visto que isso determina vários fatores relevantes citados: o baixo preço da terra, a ocupação/garantia da posse da terra, e a estratégia de especulação-concentração fundiária para a primeira decisão; flexibilidade da pecuária para a segunda decisão e a floresta como reserva de fertilidade para a terceira decisão. Também, podemos destacar que os fatores citados estão diretamente relacionados à ausência de aplicação das leis, caso contrário a terra seria mais cara, não haveria necessidade de garantir a posse, não haveria estratégia de especulação em áreas novas, a intensificação seria privilegiada e a floresta não seria apenas uma reserva de fertilidade disponível.

Além disso, constatamos que a atual legislação não é suficiente para atender as demandas dos produtores, que deverá crescer a curto/médio prazos. Por parte dos fazendeiros, a demanda atual concentra-se, principalmente, sobre a segurança de posse da terra, ou seja, faltam garantias contra as invasões. As demandas futuras estão relacionadas à gestão de qualidade do produto boi, principalmente, no que se refere à qualidade ambiental, uma vez que a produção da Amazônia está entrando em um mercado seletivo com respeito a este aspecto (mercado mundial após a erradicação da aftosa). Todavia, constatamos que o primeiro fator relevante na decisão crítica 1 é justamente mercados para os produtos da pecuária, o que justifica, plenamente, a idéia da legislação ambiental enfocar esse aspecto-chave. Visto que existe uma demanda potencial dos produtores e da indústria, pode-se pensar em uma legislação nova, construída a partir de um diálogo com esses atores, enfocando o acesso ao mercado. Uma via a explorar seria a elaboração de um "selo verde" que garantisse: a) acesso a um mercado privilegiado e b) preservação dos recursos florestais. Esse processo não pode acontecer sem a participação dos poderes públicos, principalmente da área ambiental, ao contrário do que está acontecendo hoje com as iniciativas de alguns líderes das cadeias bovinas. Do ponto de visto técnico, as novas ferramentas como o sensoriamento-remoto e as novas configurações das cadeias, como a concentração no setor de abate podem facilitar a adoção de legislação inovadora.

Variações entre grupos críticos

Geralmente, o grupo pioneiros agropecuários tem pelo menos dois discursos a respeito do desmatamento. O primeiro, bastante elaborado, é destinado às instituições envolvidas com a proteção ambiental e com o manejo dos recursos naturais, especialmente os órgãos científicos, a imprensa, as ONGs ambientalistas e os financiadores – privados e públicos. Segundo esse discurso, o grupo não desmata e sim preservar as suas reservas florestais, adota tecnologias de manejo sustentável da floresta, no caso de madeireiros e contribui para a fixação do carbono, pela implantação de sistemas que incluem o plantio de árvores. O segundo discurso destina-se aos seus pares de grupo crítico, considerando a floresta como reserva de madeira e de fertilidade que deve ser explorada, especialmente pela pecuária, contudo tomando alguns cuidados para não comprometer os recursos naturais de uso comum, como preservando os cursos d'água e evitando os malefícios do fogo descontrolado.

Os fazendeiros investidores mostraram pouco interesse na questão ecológica ligada ao desmatamento. Na grande maioria dos casos, os donos das fazendas, que consideram desprezíveis os próprios impactos, adotam discurso nacionalista sobre a questão ecológica, ou seja, que a floresta é uma reserva de fertilidade para o povo brasileiro e que as ONGs ambientalistas são financiadas pelos países desenvolvidos com o propósito de diminuir a capacidade de negociação do Brasil referente às questões ambientais globais e de mercado de produtos agrícolas.

Os dois grupos diversificados da agricultura familiar (diversificados em pecuarização e diversificados integrado) apresentam estratégias diferentes na discussão do desmatamento, mesmo que ambos considerem a floresta como fonte de fertilidade. O grupo diversificados integrado parece preservar mais a sua reserva florestal, pelo menos têm uma disposição de guardá-la para o uso futuro, valorizando melhor as áreas abandonadas, dominadas de "juquira". Nota-se, nesse grupo, alguns casos de implantação de sistemas agroflorestais, associando madeira de lei e culturas perenes como cacau e pimenta. No grupo diversificados em pecuarização, a tendência é derrubar a mata da propriedade, procurando sempre expandir a área de pastagem para abrigar o rebanho em crescimento.

Nos grupos especializados na pecuária/leiteiros e especializados na pecuária por falta de alternativa, nota-se uma diferença de comportamento referindo-se ao desmatamento de acordo com a consolidação da colonização. Nas fronteiras agrícolas novas, os produtores usam a reserva de floresta primária como fonte de fertilidade para sistema de produção, enquanto na fronteira já consolidada (por exemplo Zona Bragantina), onde quase não há floresta primária, os produtores começam fazer a correção da fertilidade do solo por meio da aplicação de fertilizantes, nas reduzidas áreas de floresta secundária.

Entre os sem gado, de trajetória descendente, que geralmente possuem pastagem degradada por falta de manejo, a tendência é desmatar novas áreas para implantar nova pastagem a fim de substituir os pastos abandonados. Nas outras propriedades sem gado, os fatores relevantes estão ligados à agricultura tradicional de corte-e-queima, da agricultura familiar, seguida da implantação de pastagem e a agregação de valor à terra com o desmatamento.

Discussão, conclusões e recomendações

Baseando nos resultados apresentados, pode-se concluir que o avanço da pecuária e do desmatamento na Amazônia paraense resulta de diversas combinações de uma vintena de fatores atuando de acordo com a região e o tipo de ator. Nessa conclusão, são discutidos os pontos mais relevantes que permitam sugerir algumas recomendações de políticas públicas voltadas à promoção e ao fortalecimento do desenvolvimento sustentável das frentes pioneiras da Amazônia Oriental.

A segurança da pecuária

A possibilidade e a facilidade de comercialização, a liquidez e a garantia de preço dos produtos pecuários aparecem como os principais motivos da decisão de optar e de desenvolver atividades pecuárias. De um lado, a emergência de uma cadeia eficiente de comercialização de gado na região e a estabilidade dos preços dos produtos pecuários, mesmo que baixos, tornam sempre possível vender um gado a preço indexado aos maiores mercados nacionais como São Paulo. As características próprias do gado (não perecibilidade, flexibilidade da época de venda, transporte a baixo custo, etc.) favoreceram a emergência de uma rede fina de comerciantes, permitindo superar o isolamento das frentes pioneiras. Elas não se aplicam para outras produções agrícolas. Por outro lado, outras atividades agrícolas podem proporcionar retornos maiores, como a pimenta-do-reino ou o cacau e são mais adequadas para gerar renda em pequenas propriedades, porém a variabilidade de preços e de produtividade freqüentemente implica certa insegurança. Por exemplo, os preços de milho, de arroz, de feijão e de outros produtos da agricultura tradicional apresentam certa variabilidade sazonal e anual. Os preços dos produtos das culturas perenes também flutuam e estão atrelados a mercados internacionais – dois anos de excelentes preços podem estimular o plantio dessas culturas, porém pode ocorrer um período seguinte de quatro a cinco anos de preços baixos que muitas vezes não cobrem os custos de produção. Desse modo, a pequena variabilidade nos preços do gado parece então garantir um retorno seguro dos pequenos produtores aos grandes fazendeiros e dos pequenos comerciantes às grandes empresas do agronegócio.

Em regiões favorecidas pelo clima e pelo solo como a Transamazônica, por exemplo, a agricultura familiar tem encontrado dificuldade com as culturas perenes, devido à flutuação dos preços e aos problemas fitossanitários. Alguns pequenos produtores que diversificaram seu sistema de produção com culturas amazônicas pré-colombianas, como cupuaçu e guaraná, não tiveram êxito ao longo prazo. Em outras regiões menos propícias às culturas perenes, a falta de alternativa agrícola à pecuária é o maior desafio, fora da proximidade dos centros urbanos onde é possível produzir e comercializar hortaliças e frutas.

A pouca eficiência e a falta de organização das cadeias das culturas perenes obriga o produtor a assumir a responsabilidade das variações dos preços e dos problemas fitossanitários. A única possibilidade de resistir, fora do investimento na pecuária, a médio e a longo prazos, é diversificar a produção, mantendo na propriedade diversas culturas perenes a fim de diminuir o risco de prejuízo total, no caso de uma ou mais falharem. Chegar nesta situação de equilíbrio necessita experiência, disponibilidade de terra, de mão-de-obra e de recursos próprios para se ajustar quando necessário. A situação precária das culturas perenes contrasta com a riqueza dos comerciantes compradores dos produtos destas culturas. De fato, enquanto o produtor luta tentando encontrar equilíbrio mínimo investindo em diversas culturas perenes, o comerciante aproveita qualquer subida de preço em qualquer cultura e não perde na queda de preços, visto que ele não precisa realizar investimentos. Assim, um cenário positivo para os produtores seria uma melhor coordenação dos atores da cada cadeia a fim de dividir melhor os riscos e os lucros e, também, uma coordenação entre as cadeias para atenuar as variações de preço por sistema compensatório entre as cadeias. Podemos pensar também em políticas de estabilização dos preços e em sistemas de compensação entre os anos com preço alto e anos com preço baixo. Esses cenários só seriam possíveis com o forte envolvimento do poder público especialmente nessas regiões de frentes pioneiras isoladas. Na parte instituicional, pesquisas são necessárias para analisar qual esquema organizacional de tais cadeais teria mais sorte de funcionar no contexto particular de novas frentes pioneiras.

Na área dos produtos florestais não-madeireiros, a situação é parecida àquela das culturas perenes, especialmente a castanha-do-pará e outras frutas nativas. Na Amazônia das estradas, tanto nas culturas perenes como nos produtos florestais, é surpreendente a falta de diversificação dos sistemas desenvolvidos, como se a fantástica diversidade da Amazônia fosse barrada à entrada da propriedade. Seria desejável incentivar a criação de novas formas de organizar as cadeias dos produtos vegetais e florestais disponíveis, que levem em consideração as necessidades de segurança dos produtores. É importante lembrar também que as cadeias, a perecibilidade dos produtos e os maiores custos de transporte, em relação ao gado, podem requerer inevitavelmente um melhoramento da infra-estructura de transporte.

Conforme Poccard-Chapuis et al. (2001b), pode-se dizer que a eficiência da cadeia de comercialização na região é a maior vantagem comparativa da pecuária bovina em relação às outras atividades agrícolas.

Conciliar as vantagens comparativas da Amazônia para a pecuária e a redução dos danos ambientais

Diferente do que ocorreu no passado, hoje há evidências de que a pecuária não depende grandemente de subsídios públicos, devido principalmente aos relativos baixos custos de produção, em torno de US$ 0,03/litro de leite e US$ 0,15/kg de carne (Machado 2000), o que torna essa atividade muito competitiva, permitindo comercializar os produtos nos grandes mercados do Nordeste, do Sul e até do Sudeste, antes de a legislação que restringe áreas com aftosa. Isso não significa que tenham desaparecidas as estratégias baseadas na captação de financiamentos públicos, na concentração fundiária e na exploração da fertilidade agrícola da floresta. Mas, cada vez mais, podem ser encontrados produtores, tanto na grande produção como na agricultura familiar, privilegiando estratégias de produção sustentável e, logicamente, aproveitando os financiamentos disponíveis. Dentre esses atores, encontram-se uns que realmente querem investir nos sistemas de produção com melhor qualidade ambiental e outros que apenas usam uma imagem politicamente correta.

É provável que os baixos custos de produção de carne na Amazônia vão continuar atraindo sempre mais investidores do *agribusiness* do sul do país como aconteceu no sul e sudeste do Pará, nos últimos anos, com a implantação de frigoríficos, de laticínios e de fábrica de couro. Mesmo que esse *agribusiness* aproveite alguns financiamentos disponíveis da mesma maneira que os produtores, isso não é o principal motivo da vinda deles para a Amazônia, como aconteceu no início do plano de colonização. O *agribusiness* vem para a Amazônia para desenvolver atividades lucrativas aproveitando as diversas vantagens comparativas da região. A chegada do *agribusiness* favorece, assim, a integração, no espaço nacional, das novas regiões criadas nas frentes pioneiras, materializando as aspirações do plano oficial dos anos 1960. Essa dinâmica processa-se conforme a especialização das várias regiões do país, segundo suas vantagens comparativas, estratégia desejável na tradição liberal quando os custos ambientais não são contabilizados.

Além dos baixos custos de produção, existem segurança de um mercado crescente dos produtos pecuários, especialmente, o mercado da carne. Nas duas primeiras décadas, o mercado regional absorveu a produção, principalmente a demanda dos centros urbanos maiores, como Belém, Santarém e Macapá. Nos anos 1990, os mercados nordestinos são destinos relevantes da carne da Amazônia. Hoje, a demanda de carne bovina do mercado internacional atrai parte da produção do Sul, do Sudeste e do Centro-Oeste do país, regiões isentas de febre aftosa. Em pouco tempo, várias regiões da Amazônia vão ser consideradas isentas de febre aftosa e poderão acessar diretamente o mercado internacional, aproveitando a sua alta remuneração. A cadeia bovina aproveita essa dinâmica, mas também tem contribuído, na última década, para eliminar a febre aftosa, liderando a luta contra essa doença e envolvendo-se totalmente nas campanhas de vacinação e de controle dos animais. Contudo, o envolvimento da cadeia no melhoramento da qualidade da produção bovina na Amazônia não deveria ser limitado à eliminação da aftosa. Atualmente, os frigoríficos estão começando pagar conforme o peso da carcaça, privilegiando também a qualidade comercial. Os produtores mostraram assim que podem integrar novos critérios de qualidade nas suas estratégias produtivas.

É realidade que a expansão da pecuária se faz pela transformação dos recursos florestais em pastagens, com todas as externalidades negativas sobre o meio ambiente. Uma vez que os atores da cadeia mostram-se sensíveis aos sinais do mercado, podemos pensar que o desenvolvimento de mercados diferenciados valorizam uma pecuária com melhor qualidade socioambiental, poderia ajudar a conciliar o aproveitamento das vantagens comparativas da região com uma redução dos danos ambientais.

Nesse sentido, existem várias alternativas para melhorar a qualidade ambiental, mas poucas foram devidamente analisadas. A primeira prioridade poderia ser focalizada na identificação e na caracterização dos elementos-chave do conceito de desmatar sem devastar, especialmente os pacotes tecnológicos de uso sustentável da terra e a gestão socioambiental participativa dos recursos naturais, envolvendo todos os atores interessados. Um exemplo poderia ser o reordenamento das propriedades pecuárias baseado na intensificação agropecuária das áreas planas favoráveis à produtividade da pastagem, na proteção das matas ciliares e das nascentes dos cursos d'água, na recuperação das encostas mediante o crescimento de capoeiras enriquecidas com plantas arbóreas de alto valor econômico e/ou ambiental, objetivando também ampliar a reserva florestal das propriedades. Um outro exemplo poderia ser a decisão coletiva de alguns produtores vizinhos de manter áreas de reserva florestal contíguas para criar pequenos maciços florestais que facilitam o desenvolvimento natural da vegetação e da fauna nativa.

Uma outra medida seria a promoção da introdução de árvores nas pastagens, ou seja, o desenvolvimento de sistemas *silvispastoris*. A maioria dos sistemas agroflorestais ou *silvipastoris*, por exemplo, necessita de um investimento de longo prazo, em torno de 10 a 20 anos, com exceção de alguns sistemas como a espécie florestal teca (*Tectona grandis*) que dá os primeiros retornos de seis a oito anos (Piketty et al., 2002). Além disso, os financiamentos públicos disponíveis não cobrem a totalidade dos custos necessários à implantação, à manutenção e à prevenção ao fogo acidental, que é sempre uma ameaça. Assim, os únicos grandes produtores envolvidos em projetos agroflorestais são geralmente madeireiros e fazendeiros pioneiros da região, relativamente bem capitalizados, proprietários de grandes áreas tituladas que acreditam no desenvolvimento da região, investindo recursos de financiamentos a longo prazo, para os seus filhos e netos. No entanto, o poder público deveria continuar investindo neste setor em razão de vantagens potenciais em termos de seqüestro de carbono e, sobretudo, para o desenvolvimento futuro da região, por meio da criação de empregos no setor da exploração e beneficiamento da madeira, especialmente marcenaria ou outros produtos oriundos dos projetos agroflorestais. Paralelamente, programas de pesquisa deveriam ser iniciados para identificar novas espécies e tentar diminuir os custos de implantação e manutenção dos sistemas agroflorestais.

Em âmbito das pequenas propriedades, várias pesquisas foram desenvolvidas tentando avaliar o potencial dos sitemas agroflorestais para aumentar os benefícios ecológicos e econômicos dos sistemas de produção familiares. É interessante lembrar que os primeiros financiamentos FNO foram especificamente voltados para promover esse tipo de uso da terra. Segundo Vosti et al. (1998), a promoção desses sitemas não teve o sucesso esperado e não contribuiu para a redução do desmatamento. Podem se encontrar alguns desses sistemas em regiões de antiga colonização, particularmente nos riberinhos (Veiga e Veiga, 2000), mas nas frentes pioneiras recentes, eles são raros (Piketty et al., 2002), mesmo existindo algumas iniciativas espontâneas dos agricultores associando várias espécies numa pequena parcela (1 e 5 hectares) (Smith et al., 1996). O relativo fracasso do desenvolvimento dos sistemas agroflorestais na agricultura familiar se explica pelos mesmos fatores mencionados anteriormente e por falta de mercados para os produtos desses sistemas (Arrima, 1998). Isso significa que qualquer política que vise a promover esses sistemas não pode focalizar apenas o segmento da produção, mas também o da comercialização e o do acesso ao mercados. Nesse contexto, o novo programa do governo de industrialização da agricultura familiar, entre outros, voltado à organização das agroindústrias em redes, incentiva o desenvolvimento microrregional (Programas Nacional para a agricultura Familiar (Pronaf) agregar). Seria necessário aproveitar esse novo programa para identificar as altenativas adequadas ao contexto de cada região.

O desempenho da pastagem

A performance de pastagens cultivadas é um dos grandes determinantes da expansão da pecuária no Estado do Pará. As condições agroecológicas favoráveis da região, especificamente a quantidade total de chuva, a razoável distribuição ao longo do ano e a temperatura, garantem a alimentação do rebanho sem graves déficits forrageiro, como ocorre no cerrado brasileiro por alguns meses. Apesar de serem de baixa fertilidade, os solos da região podem sustentar razoável produção forrageira, permitindo se manter o rebanho unicamente em regime de pastagem, embora seja altamente necessária a suplementação mineral.

Contudo, as primeiras pastagens formadas nas décadas de 1970 e de 1980 na região não eram suficientemente adaptadas aos sistemas extensivos vigentes que não adotavam as práticas de manejo recomendadas. A pesquisa brasileira e internacional reagira elaborando alternativas mais apropriadas. No início do século XXI, os pecuaristas da região têm a sua disposição alguns sistemas forrageiros altamente produtivos e eficientes a longo prazo, como aqueles com pastagens de *Brachiaria brizantha cv braquiarão* e cultivares selecionadas de *Panicum maximum*, desde que sejam aplicadas as técnicas básicas de pastagem, especialmente na implantação e manutenção, assim como no manejo de pastejo.

O capim-braquiarão foi selecionado especificamente por sua alta tolerância à cigarrinha-da-pastagem – inseto que causa enormes prejuízos a outras espécies do gênero *Brachiaria* em toda a região. O valor nutritivo do capim-braquiarão não é tão bom como o das variedades de *Panicum maximum*, porém é capaz de proporcionar ganhos de peso vivo de até 600-800 g/dia. Uma das suas características mais apreciadas pelos produtores é a competitividade com as plantas invasoras de pastagem ("juquira") que tendem a dominar os pastos quando o manejo de pastejo é deficiente ou a fertilidade do solo é limitante.

A cobertura de solo proporcionada pelo braquiarão é muito boa e suas raízes são densas e profundas, permitindo razoável produção forrageira, mesmo na estação menos chuvosa.

Deve-se ressaltar o papel relevante da cadeia bovina no desenvolvimento do sistema braquiarão. No início da década de 1990, era difícil se encontrar sementes de braquiarão nas lojas agropecuárias da Amazônia. Em 1995, todos os projetos de recuperação de pastagem usavam o braquiarão, assim como a maioria dos projetos de implantação de pastagem em áreas novas. Assim, o capim-braquiarão tem se tornado a principal espécie forrageira plantada, chegando suas sementes a representar cerca de 95% do total vendido na região (Veiga et al., 2001b). Qualquer produtor em qualquer sede de município vai encontrar sementes de braquiarão e algumas orientações básicas para sua implantação e seu manejo. Além do papel relevante da cadeia no sucesso do braquiarão, deve-se mencionar a existência de alguns fatores negativos. Por exemplo, no Pará, enfrentando a grande procura, a cadeia ou o comércio de produtos agropecuários, que antes primava pela qualidade, passou a produzir e vender também sementes de segunda categoria. Alguns comerciantes têm aproveitado a oportunidade para vender sementes de qualidade inferior, com baixa taxa de germinação (menos de 5% a 10%), misturadas com palhas, com terra e com pedras, sementes de plantas invasoras, especialmente de assa-peixe, porém pela metade ou um terço do preço normal. Muitos pequenos produtores animados pelo sucesso do braquiarão nas fazendas vizinhas têm adquirido essas sementes mais baratas esperando ter resultado um pouco menor, mas razoável. Quase sempre o resultado é um fracasso semelhante ao que tem ocorrido, na mesma época, com o comércio de suplementos minerais (apenas sal branco e impurezas), de vacinas (produtos vencidos e mal-condicionados) e de animais (baixo padrão genético e com brucelose). No caso da Transamazônica, a baixa qualidade de parte das sementes de braquiarão e de outros produtos agropecuários foi possivelmente o golpe fatal que levou ao colapso várias propriedades enfraquecidas pela queda do preço das culturas perenes e que tentaram se recuperar na pecuária bovina. Alguns críticos usaram essa situação para desacreditar a pecuária bovina na agricultura familiar não considerando que, como qualquer atividade agrícola, a pecuária requer a aplicação de algumas regras mínimas em termos de tecnologia e de manejo animal.

O braquiarão passou as fronteiras do Brasil para ser adotado pelos produtores dos outros países da bacia amazônica como a solução tecnológica à degradação da pastagem em área de terra firme em altitude menor de 500 m. Contudo, já têm sido registrados alguns danos causados ao braquiarão por fungos de solo *Pythium periilum*, *Rhizoctonia solani* e uma espécie do gênero *Fusarium* (Teixeira et al., 2000). Diversos setores da cadeia mobilizaram-se rapidamente, especialmente as pesquisas privada e pública, para identificar os mecanismos envolvidos, elaborar, testar e validar soluções apropriadas.

Apesar da grande eficiência do sistema braquiarão, o setor tem demandado alternativas de espécies e variedades forrageiras de alta produtividade, associação de gramíneas com leguminosas, etc. Alguns pesquisadores consideram a uniformização do sistema forrageiro na Amazônia como um grande risco, já que há o risco de acontecer com o braquiarão o que aconteceu com a quicuio-da-Amazônia, duas décadas atrás, quando a praga cigarrinha-da-pastagem (*Deos incompleta*) destruiu boa parte das pastagens formadas com aquela forrageira, prejudicando parcial ou totalmente a atividade pecuária e favorecendo a abertura de novas áreas florestais para implantar novas pastagens e sustentar o rebanho. Mesmo no braquiarão já se tem registrado alguns casos de ataque de cigarrinhas-da-pastagem, mas em situação de manejo de pastagem deficiente, com pastejo pesado sem nenhum descanso e sem reposição de nutrientes ao solo.

Assim, na comunidade científica do Estado do Pará existe, atualmente, um razoável acervo tecnológico sobre estabelecimento e sobre manejo de pastagens que permite garantir sustentabilidade muito além daquela possível nas primeiras décadas do processo de "pecuarização" dos sistemas de produção da região. Entretanto, parece que a falta de aplicação de tecnologias de manejo de pastagem resulta, para uma parte dos produtores, em estratégias de produção não priorizando a qualidade da pastagem (isto é, em estratégias fundiárias) e, para outra, em falta de experiência para dominar essas tecnologias. De fato, a flexibilidade de manejo da pastagem de braquiarão, comparada com pastagens de outras espécies e com variedades de forrageiras, não deve eliminar a necessidade da aplicação das regras básicas para manejo sustentável de pastagem, como por exemplo a implantação na época certa, com boa densidade de semente de alta qualidade, a garantia de descanso conforme a estação, carga animal adequada, etc. Até agora, são poucos os produtores que adotam manejo de pastagem realmente adequado às suas condições, especialmente por falta de orientação e de informação. Ou seja, os recursos forrageiros disponíveis poderiam ser melhor aproveitados, com menos risco de degradação, usando-se, por exemplo, maior divisão da pastagem, ou mais rápida rotação dos pastos, replantio das áreas de solo descoberto, reposição de nutrientes a cada três e quatro anos, etc. Assim, uma prioridade agrícola na política local e regional poderia ser um programa de formação e de capacitação dos produtores no melhoramento do manejo de pastagem, associado a um sistema de apoio financeiro tipo crédito, ajudando os produtores a aplicar tecnologias e práticas de manejo mais produtivas e mais sustentáveis. Nesse contexto, a nova linha de crédito propasto, voltada especificamente para o melhoramento e para manejo das pastagens também poderia ajudar os agricultores que ainda encontram problemas de degradação.

Uma conclusão importante, a respeito da questão do manejo das pastagens, é que já é possível evitar a fatalidade da degradação das pastagens após cinco e oito anos o que leva à necessidade de desmatar outras áreas de floresta como antigamente (Hecht, 1989).

A introdução do brachiarão e a adoção de algumas práticas de manejo de pastagem modificaram completamente essa realidade. Alem disso, é interessante ressaltar que, em relação à decisão de desmatar novas áreas de floresta, quase ninguém, fora de alguns caboclos, mencionou a degradação das pastagens induzindo a derrubada de novas áreas de floresta para manter o rebanho.

A questão da formação dos agricultores

A importância da tradição e da formação dos agricultores na pecuária e da posição social da pecuária ressalta outro ponto importante para a identificação de políticas públicas visando a promover outros tipos de uso da terra e de aproveitamento dos recursos naturais. Mesmo com acesso a mercados e a linha de créditos, a falta de tradição e de formação dos agricultores podem ser restritivas ao desenvolvimento de qualquer alternativa à pecuária. Além da formação em manejo de pastagem, há necessidade de capacitar os produtores no uso sustentável dos recursos naturais, como manejo de recursos florestais, manejo do solo, proteção das matas ciliares e das nascentes, plantio de árvores e bosques na pastagem para sombreamento dos animais e produção de madeira, construção de cercas vivas com madeira de lei, arbustos e árvores forrageiras ou frutíferas, etc. Contudo, políticas querendo promover a conservação de reservas florestais podem não receber o apoio devido uma vez que essa alternativa não garante uma posição social destacada na sociedade, como acontece atualmente com a pecuária.

A pecuária leiteira e a sustentabilidade da agricultura familiar

Após a revisão das alternativas à pecuária de corte, chega-se à conclusão de que, no âmbito da pecuária, a aptidão que melhor se ajustar às características da pequena produção é a produção leiteira. Um sistema diversificado, incluindo a pecuária de dupla finalidade (leite e carne), tem mostrado ser a alternativa mais sustentável para os pequenos produtores da Amazônia. Porém, isso precisa ser confirmado a longo prazo (Veiga et al., 2001a), já que, em âmbito nacional, a pecuária de leite de alta qualidade elimina a longo prazo os pequenos produtores da cadeia. A implantação mais recente da agroindústria leiteira em algumas regiões estratégicas, estruturando e ampliando as bacias leiteiras, mostra a confiança desse setor nacional no desenvolvimento da produção regional. É importante lembrar que a pecuária de leite tem todas as conduções para se desenvolver rapidamente nas frentes pioneiras, desde que o acesso ao mercado seja seguro (tradição dos agricultores, atividade paralela de cria, financiamento, regularidade da renda). Assim, uma linha prioritária de política agrícola a ser privilegiada poderia ser a produção leiteira como suporte à diversificação na agricultura familiar. Ou seja, pensar novos sistemas de produção baseados na produção leiteira e nas culturas perenes, integrando cadeias interconectadas e permitindo estabilizar os preços e distribuir, entre os diversos atores, a renda de cada produção.

A questão da lei ambiental

A lei ambiental brasileira visando a manter 80% da propriedade como reserva florestal dificilmente é obdecida em área de fronteira agrícola. O envolvimento bastante lucrativo de alguns atores do direito, da justiça e da lei nas atividades teoricamente reprimidas pelo poder público, como a grilagem de terra, não favorece a credibilidade da lei ambiental. Na situação atual das áreas pioneiras, a aplicação rígida da lei ambiental significaria condenar a grande maioria dos produtores, grandes e pequenos. No caso do sul do Pará e na Zona Bragantina, por exemplo, dificilmente as propriedades, grandes ou pequenas, têm 50% de sua área coberta por reserva florestal, nem tampouco 80% como hoje rege a lei. A situação é um pouco menos problemática na Transamazônica. Isso remete ao problema da adaptação da lei ambiental à realidade dos vários contextos regionais na Amazônia. A lei pode ser boa, mas não pode ser cumprida. Nenhum governo pode tomar a decisão de punir ou multar maior parte de seus eleitores no local. Assim, para que, a médio prazo, a lei ambiental possa ser obedecida pelos produtores algumas modificações devem ser feita. Por exemplo, permitir um prazo de três a quatro anos aos fazendeiros para comprar áreas de floresta a fim de aumentar a reserva florestal da sua propriedade. Outro exemplo seria investir nas áreas degradadas da propriedade para regeneração da vegetação secundária e, assim, a médio prazo, da reserva florestal. Em contrapartida, a essas concessões aos produtores, a aplicação da lei para o desflorestamento de reservas protegidas deveria ser muito mais rigorosa. Entretanto, é evidente que as medidas para garantir o cumprimento da lei em regiões de difícil acesso, num contexto em que as vantagens de desmatar, são maiores que as de conservar as florestas, são de alto custo econômico e político. E isso não é específico só da Amazônia nem tampouco só do Brasil.

Nesse sentido, a decisão de desmatar é motivada antes de tudo por vários benefícios privados proporcionados pela derruba da floresta: alimentação da família, renda da pecuária, proteção de invasões. Não desmatar significa a perda desses benefícios. Outros estudos mostram também que a preservação das reservas florestais é caro em termos de perda de renda dos produtores ou de freio ao crescimento regional da Amazônia (Vosti et al., 2002; Cattaneo, 2002). Assim, a lei ambiental assume que o produtor deve pagar para manter a floresta em pé, em troca do título da terra e do uso da área fora da reserva florestal. Isso é uma forma de terceirização da proteção ambiental. Todavia, parte dos benefícios da proteção das florestas é pública, ou seja, é aproveitada por toda a sociedade brasileira e pelo planeta como um todo, no caso da proteção da biodiversidade e do seqüestro de carbono. Nesse contexto, considerando as dificuldades de se aplicar a atual lei ambiental, outras formas de distribuição dos custos da preservação das funções ecológicas da floresta poderiam ser discutidas. Alguns autores mostram, por modelos prospectivos, que a remuneração da preservação da floresta poderia ser a melhor maneira de preservar áreas significativas desse ecossistema sem prejudicar o desenvolvimento regional ou a renda dos produtores (Vosti et al., 2002; Cattaneo, 2002). Nas entrevistas, o assunto foi levantado pelos atores. Portanto, ainda é cedo demais para considerar essa solução viável e que os produtores venham a aceitá-la, onde seria aplicável, como controlar, como distribuir essa remuneração entre grandes e pequenos produtores, etc. Seria necessário analisá-la melhor da mesma forma que outras medidas discutidas anteriormente, voltadas à conciliação da preservação das externalidades ambientais da Amazônia com o desenvolvimento das frentes pioneiras.

O desmatamento dos ecossistemas florestais amazônicos resulta parcialmente da competitividade e da praticabilidade do sistema de corte-e-queima comparado com outros métodos de desbravar áreas virgens. Fora a extração de madeira, a exploração da floresta em pé dá menos retorno que o aproveitamento da sua fertilidade para uso agrícola ou pecuário pela derruba-e-queima. Além disso, o desenvolvimento socioeconômico nas três últimas décadas das regiões de fronteira agrícola da Amazônia das estradas, apesar de bastante questionado, parece maior que aquele da Amazônia dos rios. Os opositores da pecuária como principal utilizadores do uso da terra na Amazônia questionam a impossibilidade de estabilizar a agricultura migratória nas frentes pioneiras. O que acontece hoje no sul do Pará, com a criação de uma bacia leiteira baseada na produção familiar e na Transamazônica com a integração da pecuária nos sistemas de produção diversificados, negam essa hipótese. A implantação de agroindústrias de pequeno, de médio e de grande portes, com criação de empregos parece ser o próximo passo ao desenvolvimento regional. Assim, chegamos à conclusão de que a diferença da dinâmica socioeconômica entre a Amazônia das estradas e a Amazônia dos rios seria relacionada à exploração pioneira dos recursos naturais nas áreas de fronteira. Nesse contexto, o desafio atual seria como monitorar esse desenvolvimento territorial para melhor considerar as preocupações ambientais, sociais e éticas, sentidas pela sociedade brasileira, mediante políticas adaptadas às diversas situações locais. Nós tentamos propor algumas alternativas nesse livro.

Referências bibliográficas

ARIMA, E. *Caracterização dos pequenos agricultores beneficiários do FNO*. Belém, Brésil: IMAZON, 1988, p. 22.

BECKER, Bertha K. Undoing myths: the Amazon – an urbanized forest. In: CLUSENER-GODT, M.; SACHS, I. (Eds.). *Brazilian perspectives on sustainable development of the Amazon region*. New York: United Nations Educational, Scientific and Cultural Organization (Unesco), 1995.

BENDAHAN, A. B. *Sistema forrageiro e produtividade da pastagem na Zona Bragantina (Pará, Brasil)*. Tese de mestrado. UFPA-CAP, Belém-PA: Brasil, 1999.

BILLOT, A. *Agriculture et systèmes d'élevage en Zone Bragantine (Pará, Brésil)*: diagnostic des systèmes de production familiaux à forte composante élevage. TCC, CNEARC, Montpellier: France, 1994. p. 140.

BITTENCOURT, P. S. *Sistema forrageiro e produtividade da pastagem na Zona Bragantina (Pará, Brasil)*. Tese de mestrado. UFPA-CA, Belém-PA: Brasil, 1999. p. 110.

BONAUDO, T.; LE PENDU, Y.; ALBUQUERQUE, N. Exploração da fauna silvestre na Transamazônica. In: TOURRAND, J. F.; BURSZTYN, M. (Eds.). *Cenas & Cenários na Amazônia*. Brasília: Universidade de Brasília, 2003. p. 245.

BROWDER, J. O. The social cost of rainforest destruction. A critical and economic analysis of the "Hamburger debate". *Interciência* 13, (3), 1988. p. 115-120.

CALDAS, M.; WALKER, B.; PERZ, S. Small producer deforestation in the brazilian Amazon: household structure and economic circumstance in behavioral explanation. *CID Working paper*, nº 96. Harvard University, 2002.

CASTELLANET, C.; ALVES, J.; DAVID B. A parceria entre organizações de produtores e equipe e pesquisadores. *Agricultura familiar*, 1996, 1 (1). p. 139-161.

CATTANEO, A. Balancing agricultural development and deforestation in the brazilian Amazon. *Research Report 129*. IFPRI, Washington, 2002.

COSTA, N. A.; MOURA, CARVALHO L. D.; TEIXEIRA, L. B.; SIMÃO-NETO, M. *Pastagens cultivadas na Amazônia*. Belém: Embrapa Amazônia Oriental, 2000. p. 151.

COY, M. Problemas atuais de colonização e desenvolvimento rural numa fronteira agrícola na Amazônia brasileira e a resposta do Estado: o caso de Rondônia. In: *Simpósio do Trópico Úmido. Anais* v. 6. Embrapa-CPATU, Belém, 1986.

CORDEIRO, L. *O Estado do Pará, seu comércio e indústria de 1719 a 1920*. Belém: Tavares Cardoso e Cia., 1920.

CRUZ, E. *História de Belém*. Belém: UFPA. Coleção Amazônica, 2v., 1973.

______. A estrada de ferro de Bragança. Visão social, econômica e política. *Superintendência do Plano de Valorização Econômica da Amazônia*. Belém-PA. p. 158.

DESFFONTAINES, P. Foires et marches à bétail en Amérique latine. *Congresso Internacional de Geografia.* Rio de Janeiro.

DE REYNAL, V.; MUCHAGATA, M. G.; TOPALL, O.; HEBETTE, J. *Agriculturas familiares e desenvolvimento na frente pioneira amazônica.* Edição em português e francês. Marabá-PA: UFPA-CAP, 1995. p. 74.

DROULERS, M. *L'Amazonie.* Paris: Editions Nathan. Coll. dirigée par J. R. Pitte, 1995. p. 419.

EGLER, E. G. A Zona Bragantina no Estado do Pará. *Separata de revista brasileira de geografia.* 3. Ano XXIII. IBGE. Rio de Janeiro, 1961.

FALESI, I. Carta dos solos da Zona Bragantina. Estado do Pará. *Contribuição à cata de solos da Amazônia.* Belém: IPEAN, 1957.

FAMINOW, M. *Cattle, deforestation and development of the Amazon:* an agronomic, economic and ecological perspective. Wallingford, UK: CAB International, 1998. 253 pages.

FEARNSIDE, P. Deforestation in the brazilian Amazonia. *The effect of population and land tenure Ambio,* 22 (8): 1993. p. 537-545.

______. Can pasture intensification discourage deforestation in the Amazon and Pantanal regions of Brazil? In: WOOD, Charles, H. and PORRO, Roberto (Eds.). *Deforestation and land use in the Amazon.* Gainesville, FL.: University Presses of Florida, 2002. p. 299-314.

FERREIRA, L.A. *Le rôle de l'élevage bovin dans la viabilité agro-écologique et socio-économique des systèmes de production agricole familiaux à Uruará (Pará – Brésil).* Thèse de Doctorat. Paris: INA P-G, 2001. p. 240.

______. A produção leiteira na Transamazônica. O caso da bacia leiteira de Altamira-PA. *Relatório de pesquisa, Embrapa Amazônia Oriental*. Belém: *UFPA-CAP*, 1995. p. 53.

GRIJALVA, J. O.; ARÉVALO, V.; BARRERA, V. Informe de investigación en el Valle de Quijos y Piedemonte amazonico del Ecuador. *Proyecto Ganaderia, uso de la tierra y deforestación en zonas amazonicas de Brasil, Peru y Ecuador.* INIAP: Quito, Ecuador, 2002. p. 92.

HÉBETTE, J.; AZEVEDO, R. Colonização espontânea, política agrária e grupos sociais. In: HÉBETTE, J.; ACEVEDO, R. *Colonização para quem?* Belém: UFPA/NAEA, 1979. p. 113-150.

HECHT, S. B. Logics of livestock and deforestation: the case of Amazonia. In: DOWNING, Theodore E.; HECHT, Susanna B.; PEARSON, Henry A.; GASRCIA-DOWNING, Carmen (Eds.). *Development or destruction:* the conversion of tropical forests to pasture in Latin America. Boulder, Colorado: Westview Press, 1992. p. 7-25.

______. The sacred cow in the green hell: Livestock and forest conversion in the brazilian Amazon. *The ecologist*, 19 (6), 1989. p. 229-234.

HOSTIOU, N. *L'analyse fonctionnelle des systèmes fourragers appliquée aux fronts pionniers amazoniens.* Mémoire DEA ETES, Université d'Orléans: Orléans, France, 1999. p. 98.

IANNI, O. *A luta pela terra*. Ed. Vozes Ltda. Petrópolis-RJ: Brasil, 1978. p. 243.

IDESP. Os municípios paraenses: Uruará. Belém-PA, 1990. 36p.

INCÃO (d') M. C. Clientelismo e democracia nas organizações dos agricultores familiares da microrregião de Marabá. A associação dos pequenos agricultores da consulta. *Agricultura Familiar: pesquisa, formação, desenvolvimento,* nº Temático. Belém: UFPA-CAP, 2000.

INPE. *Amazonia:* deforestation 1995-1997. Instituto Nacional de Pesquisas Espaciais (Inpe). São José dos Campos, SP, Brazil. Documento liberado via internet (http://www.inpe.br), 1998.

JANK, M. S.; FARINA, E. Q.; GALAN, V. B. *O agribusiness do leite no Brasil.* São Paulo, USP, FIA, Pensa, Ipea: Ed Milkbizz 1999. p. 108.

LÁU, H. D. *Approche écopathologique de la mortalité des veaux dans l'agriculture familiale des fronts pionniers amazoniens.* Tese de doutorado. Univ. Toulouse – INP/Envt. França, 2000. p. 220.

LUDOVINO, R. M. R. *O sistema de produção da agricultura falmiliar da ilha de Marajó, Pará, Brasil.* Tese de mestrado. Univ. Técnica / ISA-Lisboa. Portugal, 1995. p. 195.

______. Lobo, I. J. B.; PESSÔA, R. O.; TOURRAND, J. F.; VEIGA, J. B. A pecuária nos sistemas de producção familiar do sul e sudeste do Pará. *Anais das XXXV Reunião da SBZ.* Botocatu: Brésil, 21-31/07/1998. p. 3.

______. *Evolução e viabilidade dos sistemas de agricultura familiar na região Bragantina, Pará – Brasil.* Thèse de doctorat. Institut Supérieur d'Agronomie. Lisbonne: Portugal, 2002. p. 284.

MACHADO, R. C. *Práticas de criação de bovinos na agricultura familiar da região de Marabá no sudeste do Pará na Amazônia Oriental brasileira* Tese de mestrado. UFPA-CAP, 2000. p. 130.

MERTENS, B.; POCCARD-CHAPUIS R.; PIKETTY, M. G.; LACQUES, A. E.; VENTURIERI, A. Crossing spatial analysis and livestock economics to understand deforestation process in the brazilian

Amazon: the case of São Félix do Xingu south of Pará. *Agricultural Economics*, 27:2002. 269-294.

Ministério do Meio Ambiente (MMA). *Causas e dinâmica do desmatamento na Amazônia.* Ministério do Meio Ambiente. Brasil: Brasília, 2001. p. 436.

MUÑOZ, M. B.; RIOS, J. A.; VALENCIA, T. C.; VALENCIA, F. C. Relatório de la actividades de investigación em la Amazônia peruana. *Proyecto Ganaderia, uso de la tierra y deforestación en zonas amazonicas de Brasil, Peru y Ecuador.* UNAS, Tingo Maria. Huanaco, 2002. p. 105.

OLIVEIRA, J. R. D.; SERRE, A. T.; ALVES, A. M.; TOURRAND, J. F. A luta pela terra perdura no sul do Pará. *Conflitos e uso sustentável dos recursos naturais.* UnB-CDS, Março, 2002. p. 12.

PACHECO, P. Deforestation in the brazilian Amazon: a review of estimates at the municipal level. *Draft for comments.* Belém, Pará, 2002. p. 25.

PENTEADO, A. R. *O uso da terra na região Bragantina, Pará.* Instituto de Estudos Brasileiros. Universidade da São Paulo. São Paulo, 1967. p. 112.

PESSÔA, R. O.; QUANZ, D.; LUDOVINO, R. M. R.; VEIGA, J. B.; TOURRAND, J. F. A atividade pecuária nos sistemas de produção dos pequenos agricultores do baixo Amazonas Pará, Brasil. *XXXIV Reunião Anual da Sociedade Brasileira de Zootecnia.* Juiz de Fora, Minas Gerais, 1996.

PIKETTY, M. G., POCCARD-CHAPUIS, R.; VEIGA, J. B.; TOURRAND, J. F. Les potentiels des systèmes agroforestiers chez les pionniers d'Amazonie brésilienne. *Bois et Forêts des Tropiques.* 272 (2): 2002. p. 75-87.

POCCARD-CHAPUIS, R. *Elevage bovin et structuration de l'espace en Amazonie brésilienne.* Thèse de doctorat en Géographie, Université de Paris X, 2003 (no prelo).

POCCARD-CHAPUIS, R.; VEIGA, J. B.; PIKETTY, M. G.; FREITAS, C. M. K. H.; TOURRAND, J. F. *Cadeia produtiva do leite:* alternativa para a consolidação da agricultura familiar nas frentes pioneiras da Amazônia. Belém: Embrapa Amazônia Oriental, 2001a. p. 33. (Embrapa Amazônia Oriental. Documentos, 114).

POCCARD-CHAPUIS, R.; TOURRAND, J. F.; PIKETTY, M. G.; VEIGA, J. B. Cadeia produtiva de corte e pecuarização da agricultura familiar na Amazônia Oriental. *IV Encontro da Sociedade Brasileira de Sistemas Produção.* Belém, Brasil, 19-22 de março de 2001, s.n. 2001b. p. 17. (CD-ROM).

POCCARD-CHAPUIS, R.; VEIGA, J. B.; ADAMS, M.; TOURRAND, J. F. Combination of geographic, economic and farming system approaches to understand the organization of Amazon regions. In: *3rd International Symposium on Systems Approaches for Agricultural Development.* November 8-10, 1999, National Agrarian University La Molina, Lima, Peru, 1999.

POCCARD-CHAPUIS, R. Filière bovine et construction de l'espace en Amazonie orientale: l'exemple du municipe de Uruará sur la Transamazonienne. Mémoire de DEA. *Géographie et pratique du développement dans les pays du Tiers-Monde.* France: Univ. Paris X, 1997. p. 240.

PRODEPA. Site Internet do processamento de dados do Estado do Pará, 2001. Disponível em: <*http://www.prodepa.gov.br/*>.

SANTIAGO, A. A. *O Zebu na India, no Brasil e no mundo.* Inst. Camp. Ens. Agric., Campinas. 1972. p. 744.

SCHNEIDER, R.; ARRIMA, E.; VERISSIMO, A.; BARRETTO, P.; SOUZA JR, C. Amazônia sustentável: limites e oportunidades para o desenvolvimento rural. *Série Parcerias nº 1*. World Bank. Belém: IMAZON, 2000.

SCHMINK, M.; WOOD, C. H. Contested frontiers in the Amazon. *Columbia University Press*, New York, USA, 1992. p. 387.

SERRE, A. T. Belém, une ville amazonienne. *Aménagement du territoire et organisations populaires*. Ed. L'Harmattan, Coll. Recherche et documents – Amériques latines, 2001. p. 191.

SERRÃO, E. A. S. Pastagem em área de floresta no trópico úmido brasileiro: conhecimentos atuais. In: *Simpósio de Trópico Úmido*, 1, Belém-PA. Anais, Belém, EMBRAPA-CPATU, v. 5, 1986. p. 47-174.

SERRÃO, E. A. S.; HOMMA, A. K. O. Brazil. In: *sustainable agriculture and the environment in the humid tropics*. Washington, D. C.: National Academy Press. 1993. p. 265-351.

SMITH, N. J. H.; FALESI, I. C.; ALVIM, P. T.; SERRÃO, E. A. S. *Agroforestry trajectories among smallholders in the Brazilian Amazon*: innovation and resiliency in pioneer and older settled areas. Ecological Economics, 1996, 18 : 15-27.

TEIXEIRA, J. F. O Arquipélo de Marajó. *Cong. Bras. Geografia X*. Vol. III: Rio de Janeiro, 1953.

TEIXEIRA, J. F.; SIMÃO-NETO, M.; COUTO, W. S.; DIAS FILHO, M. B.; SILVA, A. B.; DUARTE, M. L. R.; ALBUQUERQUE, F. C. *Prováveis causas da morte do capim-braquiarão (Brachiaria brizantha cv. Marandu) na Amazônia Oriental:* relatório técnico. Belém: Embrapa Amazônia Oriental, 2000. p. 20. (Embrapa Amazônia Oriental. Documentos, 36).

TOPALL, O. *Sistema de criação de bovinos nos lotes da colonização oficial da Transamazônica.* Região de Marabá-PA. Doc. Marabá-PA: UFPA-CAP-Lasat, 1991. p. 9.

TOURRAND, J. F.; VEIGA, J. B.; OLIVEIRA, M. G. A. P.; CARVALHO, S. A.; PESSÖA, R. O. Stratégies et pratiques d'élevage en Amazonie brésilienne: dynamisme et diversité dans l'agriculture familiale. In: PICHOT, J. P.; SIBELET, N.; LACOEUILLE, J. J. *Fertilité du milieu et stratégies paysannes sous les tropiques humides.* Cirad, Montpellier, France, 1995. p. 251-259.

TOURRAND, J. F.; VEIGA, J. B.; QUANZ, D.; FERREIRA, L. A.; SIMÃO-NETO, M. Produção leiteira em área de fronteira agrícola da Amazônia: o caso do município de Uruará. *Homma A.K. (éd) 1997: Agricultura Amazônica.* Belém, 1997.

TRECCANI, G. D. *Violência e Grilagem:* Instrumentos de aquisição da propriedade da terra no Pará. Belém: UFPA, ITERPA, 2001. 600p.

UHL, C.; KAUFFMAN, J. B. Os caminhos do fogo na Amazônia. *Ciência Hoje*, 11, 1990. p. 24-32.

VEIGA, J. B. Rehabilitation of degraded pasture areas, 1995.

PARROTTA, J. A.; KANASHIRO, M. *Management and rehabilitation of degraded lands and secondary forests in Amazonia: proceedings of an International Symposium/Workshop*, 1995, Santarém,PA. Rio Piedras: International Institute of Tropical Forestry/USDA, Forest Service, 1995. p. 193-202.

PARROTTA, J. A.; TOURRAND, J. F.; QUANZ, D. A pecuária na fronteira agrícola da Amazônia. O caso do município de Uruará-PA, na Transamazônica. *Boletim de Pesquisa, nº 87.* Embrapa Amazônia Oriental, Belém-PA, 1996. p. 76.

PARROTTA, J. A.; TOURRAND, J. F. *Pastagens cultivadas na Amazônia Brasileira*: situação atual e perspectivas. Belém: Embrapa Amazônia Oriental, 2001. p. 36. (Embrapa Amazônia Oriental. Documentos, 83).

PARROTTA, J. A.; POCCARD-CHAPUIS, R.; PIKETTY, M. G.; TOURRAND, J.F. *Produção leiteira e o desenvolvimento regional na Amazônia Oriental.* Belém: Embrapa Amazônia Oriental, 2001a. p. 24. (Embrapa Amazônia Oriental. Documentos, 80).

PARROTTA, J. A.; POCCARD-CHAPUIS, R.; ALVES, A. M.; PIKETTY, M. G.; THALES, M. C.; TOURRAND, J. F. A Amazônia pode se tornar uma grande região de pecuária bovina sustentável? In: *Segundas Jornadas Interdisciplinarias de Estudios Agrarios y Agroindustriales.* Univ. Buenos Aires, Buenos Aires, Argentina. 2001b. p. 188.

PARROTTA, J. A.; LAÚ, H. D. *Manual sobre deficiência e suplementação mineral do gado na região da Transamazônica.* Embrapa Amazônia Oriental, Belém-PA, 1997. p. 21.

PARROTTA, J. A.; VEIGA, D. F. Sistemas silvipastoris na Amazônia Oriental. In: *Simpósio internacional sobre sistemas agroflorestais pecuários na América do Sul: situação atual da pesquisa e adoção das tecnologias geradas. Anais*, Juiz de Fora – MT Brazil Embrapa Gado de Leite/FAO, 2000. p. 36.

VENTURIERI, A.; LAQUES, A. E.; LOMBARDO, M. A. Utilização de imagens de satélites na caracterização de tipos paisagísticos na frente pioneira do município de Uruará-PA. Amazônia Oriental, Brasil. In: *Cong. Soc. Bras. Sensoriamento-remoto*, 2003. p. 8.

VOSTI, S.; WITCOVER, J.; OLIVEIRA, S.; FAMINOW, M. 1998. Policies issues in agroforestry: technology adoption and regional integration in the Western Brazilian Amazon. *Agroforestry systems*. 38, 1998 : 195-222.

VOSTI, S.; CARPENTIER, C. L. *Agricultural intensification in the western brazilian Amazon:* from deforestation to sustainable land use. IFPRI Research Report n 130, Washington, 2002. p. 135.

WALKER, R. T.; HOMMA, A. K. O.; CONTO, A. J.; CARVALHO, R.A.; FERREIRA, C. A. P.; SANTOS, A. I. M.; ROCHA, A. C. P. N.; OLIVEIRA, P. M.; PEDRAZA, P. D. R. *Dinâmica dos sistemas de produção na Transamazônica*. Embrapa Amazônia Oriental, Belém-PA, 1995. p. 73.

WALKER, R. T.; MORAN, E.; ANSELIN, L., Deforestation and cattle ranching in the Brazilian Amazon: external capital and households process. *World Development*, 28 (4), 2000.: p. 683-699.